優渥叢書

金融怪傑・達文熙教你用

100張圖學會
箱子戰法

傳承 60 年經典理論，融合台股贏家思維，
散戶一學就會的交易 SOP 大公開

【熱銷再版】

◎ 達文熙／著　　◎ 詹 TJ／圖文協力

contents ▶ 目錄

PART 0

【箱子理論】
一個「芭蕾舞者」所發明的交易系統

PART 1

【K 線解析】

PART 5

【箱子戰法實戰案例】
波段交易篇

contents 目錄

推薦序

我唯一認證，亦師亦友的好徒弟

台股金融怪傑　阿魯米

「阿魯米，我已經幫你的電腦啟動了」

我說：「謝謝哦～咦，怎麼你今天這麼早就到我的交易室？」

「因為我開始放長假了，我今天丟辭呈了……」

「哦！？打算去哪一家？」

達文熙回答道：「來你這家！」

大概在 2006 年，元大總公司還沒有 VIP 室的設置，僅有門口幾個小位子，還有一台放在桌上的報價螢幕讓客戶看盤。那時候台灣市場的大台指期貨一天大概 5、6 萬口的成交量，而我一個月大概可以成交 3 ～ 5 萬口大台，於是財務部有個倉庫清理出來，成了唯一一間 VIP 室，卻也就是在那個克難的 VIP 室，我開始了將近 5 年平倉損益不曾有一天是虧損的短線交易黃金時期。

我的帳戶是屬於元大法人部負責，也得以認識了當時法人部經理達文熙（我總是叫他「阿熙」）。他會幫我處理一切交易事宜，簡單地說，他就是那唯一一位可以合法監看我帳戶部位和交易風險的專職經理人。

直到 2009 年初，他突然來到我的交易室。他告訴我，因為看

著我每天都拿著畚斗來掃千元大鈔，他已經提了離職決心要在我這裡「賴著」不走，而且直接就帶了一瓶兩公升的可樂要當束脩拜師學藝；除此之外，他還試著說服我，他覺得我的交易室還挺大的，容納我跟他兩個人是最佳配置，他以後會天天跟我喇迪賽，我就比較不會無聊……最後一個最重要的理由，他說他真的就只是想陪我做交易……。

我心想：這世間怎麼有這麼好的人，願意拋棄法人部經理的鐵飯碗，只因為想要陪伴我，著實讓我感動到雞皮疙瘩都掉了滿地。我問他：你這麼敢，你媽媽知道嗎？你老婆知道嗎？這個決定可是要繳給市場不小金額的學費，還要付出不少時間，他那時已經在業內有十來年資歷，也已經是法人部經理人，為什麼會願意放棄穩定的生活呢？

他說他已經跟老婆大人商量過了，她很支持，叫我不必擔心。嗯，很好，娶個好老婆就是人生最大的成功。於是，我就這麼喝了他的可樂，被拜師了。

達文熙出身業內，還是本土最大券商期貨商的法人部門，天天看內法（本土）和外法（外資）的大客戶做交易，不管是交易系統、交易策略、交易方式或各種配備，他擁有比任何券商、期貨商更多的資源，見識也遠比其他法人還多。如今，他選擇出來自己做交易，開始與市場搏鬥，近在咫尺坐在我身旁。

達文熙過往的客戶都是大戶、法人、外資，他真的見多識廣，業內識人無數，真所謂「談笑有鴻儒，往來無白丁」。然而，管你資歷再怎麼顯赫，進入市場該繳的學費誰都跑不掉，經過三個月的

全職交易，他也毫不意外地賠了三個月。

達文熙並不像一般散戶在賠錢的時候會情緒暴發，他會停下腳步，專注地去回顧、反思他記錄的每個交易細節，之後再拿著滿滿的筆記找我切磋，我們很常討論到忘了時間，甚至還忘記要吃飯。

連續好幾年，他每天都比我早進交易室，比我晚離開，用看盤軟體一頁一頁反覆觀察各種走勢，還瘋狂寫下了許多心得和筆記！正所謂「讀圖千遍，其義自現」，達文熙付出了大量的精力與時間，他後來的交易表現也證明了他的進步絕非僥倖。

做短線交易，最重要的就是感覺走勢的脈動，就像一條會呼吸的蛇在螢幕上游走，我們必須感受它的呼吸，只有感受它、跟著它、了解它，才能收服它。就這樣，慢慢的，他辦到了。

當然，交易絕不僅只是短線或當沖，對於整個走勢的長線架構，還是必須了然於胸。箱子戰法是半個世紀前的概念，歷經市場長期的驗證，是長線及波段架構最好的解析模式之一。

只要在長線框架格局的基礎上有所理解，進而架構出自己的交易策略，就能建立屬於自己的 SOP。更重要的是，**每一條 SOP 的規則與流程都必須是為自己打造的，唯有適合自己的個性與習慣，才是真正屬於自己的交易系統。**

這幾年來我教了達文熙許多觀念，但他惟獨鍾情箱子理論。他在市場驗證了自己的每一個想法，每一道規則，最後將他的心得融合成一套台股版本的箱子戰法。我看了他的手稿頗為驚豔，因為他將箱子理論更細緻的收斂到各種樣態及招式，並利用許多實際案例與淺顯易懂的敘述，讓抽象概念和實務操作完美結合，相當適合有

心於投資交易的朋友快速學習，真是很佛心！

　　坊間實在太多似是而非的胡言亂語或是看圖說故事，很高興他出書來嘉惠造福股友，讓大家能更清楚股價走勢的一些眉角。看到達文熙的金融交易之路，也讓我更加確信，金融知識與交易技巧學習並不難，難在實戰的驗證與心態的培養。

　　願讀者不僅僅是學習本書，更能從本書得到啟發，找到屬於自己、適合自己的交易之道，並且經得起市場的考驗，開啟財富自由的路。

阿魯米 2021.3.5 於台北

推薦序

金融市場不缺高談大論，
缺的是以簡馭繁的交易信念

股市達人　廖祿民

　　欣聞好友達文熙著書傳揚股市妙法，特撰序文讚聲。

　　因為各國央行印鈔，熱錢浮濫 2020 年股市自三月以來幾乎是直線式的上漲。這讓許多初入場的股市小白大賺特賺，但這是股市常態？當然不是！

　　各位不也親眼見識到，美國股市散戶大軍在 GameStop 扳倒了放空巨鱷，但它的股價卻隨即又回到了原點。那些在高點狂熱買進的散戶，一輩子恐難解套，在台股也是如此。

　　許多搞不懂 ADR 為何的投資人，無視脫離基本面的高本益比與高溢價而跟進，山頂上已多是套牢的白骨。這也印證了沒有經過至少一次多頭與空頭循環的投資人，實在很難斷定他成功來自運氣或是來自於實力。

　　於此股市大漲之際，坊間出現不少素人專家，再次奉勸散戶投資人切不可盲從跟風，因為任何人的成功方法都要給予檢驗。

　　達文熙投入金融交易多年，看盡股市興衰起落，稱之為老司機並不為過。希望讀者可以透過這本著作，循序漸進地體會到股市的

奧妙，進而找到自己的成功方法。

這本書其實在傳達幾個訊息：

● 首先，投資操作不可走歪路，老子《道德經》有言：「大道甚夷，而民好徑。」白話的說，就是通往成功的道路是平坦的，但市井小民卻喜歡走彎曲小徑，反而一路上重重阻礙且落入險境。

有些人喜歡研究所謂的技術指標，但初步統計過，技術指標至少超過百種以上。努力追求、過度仰賴而引發的症狀會有兩種：一是「不斷地尋找聖杯」，在不同的指標中跳 tone，一個不對就換另一個，驀然回首又發現原來的指標其實不錯，只好暗自垂淚；二是「替指標的失誤找理由」，一旦成為某指標的愛用者，就一路不離不棄，當它一路錯誤時，虧損已難以彌補。

● 其次投資必須化繁為簡，再高深的學問如果不能落地，必定無法成為可行的操作法則。密密麻麻的使用說明，當你琢磨完畢，早就被一槍斃命。投資人其實面對的是多變的市場變化，使用說明必須簡單且可以快速下決策。也就是可有效避開人性的弱點，當斷未斷，必受其亂，道理在此。

達文熙運用了股票箱理論來做理論基礎，並以台股為例來做驗證，提點了以上兩個要點。

股票箱的實戰應用，基本上是只要會劃線就可以上股市戰場，看似簡單其實並不簡單。理論發明者尼古拉並非是金融本科出身，身為一個芭蕾舞者，能體會出這樣的邏輯確實令人佩服。在經過不

斷的驗證與實戰體會，最終這個邏輯居然以極小的本金創造出巨大的財富。

就像周星馳所言，板凳其實是隱藏在民間的殺人凶器，股票箱並不起眼，但它就是實用。買點與賣點都相當的明確，該扣板機就扣板機，該棄甲而逃就棄甲而逃，絕不拖泥帶水。

當然，如果能夠搭配著價量關係與 K 線型態，那勝率自然又是更加地提高。俗話有云：成交量是價格最佳的輔助工具。

與達文熙認識超過 20 年，他總愛說笑，但他這次居然認真的寫了這本書，想必下了不小的決心，要為許多的股民做出貢獻，希望本書大賣才不枉他的日夜筆耕。另也想為讀者謀點福利，建議他以後在視頻上記得多說點笑話，讓投資者在愉快的心情下獲利。

最後預祝

書籍大賣！

NOTE

自序

世間沒有聰明藥，
所有的「得到」都有代價

達文熙

　　初次接觸股票是在 1996 年，當時我剛從學校畢業，或許是新手運使然，加上市場也正處在大多頭的時期，在短短幾個月內，我的獲利幅度就超過百分之百，回想起當時的光景，真的是志得意滿、走路有風，覺得要在股市獲利真是太容易了。

　　但是，我真的了解股票交易的真實樣貌嗎？其實不然。

　　我經歷了 1997 年亞洲金融風暴，看著台股大盤從 11,000 點一路下跌至 1999 年 2 月的 5,400 點左右；接著網路世代興起，2000 年大盤重新站上萬點，但這個不切實際的網路泡沫在大多數網路公司資金燒盡倒閉後，大盤跌落至比亞洲金融風暴還要更深的 3,446 點；2003 年剛復甦的股市又遇上了 SARS 爆發再次探底 4,044 點，本以為台股即將否極泰來，2004 年的 319 槍擊事件再次震驚全台……

　　短短幾年的光景，台灣股市幾次高峰低谷我都參與其中，雖然過程有賺有賠，但其實我的投資心態跟大部分的散戶沒什麼兩樣，就是消極的盤算著撐過去就好。每次股市回檔，我就是自我信心喊

話：「手中有股票，心中無股價」、「只要不賣就不算賠」，堅信著股價總會反彈回來，也還好我投入的資金都不算多，好幾次「拗單」都有盼來股價反轉，在這個呆萌散戶的時期，我沒有輸太多。

因為工作的關係，我一直身處在金融交易圈核心之中，聽得到的專家意見、耳語、謠言也特別多，也難免受到群體情緒的影響。2007 年底，我根據自己所能獲得的市場資訊，大膽研判總統選舉結果將是政黨輪替，兩岸關係也會有大幅度的改善，剛從 SARS 的谷底復甦的股市行情勢必會被用力的拉上一把！

因此，在 2008 年總統大選前，我開始布局，把所有能動用的資金全部押上（貸款＋融資），我信心滿滿的認定手上的持股都是一時之選、最強標的，期待能趁著總統大選的結果暴賺一票。結果，政黨是成功輪替了，但市場表現並不如預期，載浮載沉兩個月後，美國次級房貸的金融海嘯來襲，沒有停損觀念與交易紀律的我，還是心存僥倖「等著股價回來」，放任虧損持續放大，到最後斷頭在最低點，不只把手中的現金全部輸光，負債還逼近千萬。

年輕時有本錢輸，也不怕輸，對於以前的小輸小贏，也從來沒覺得痛。以前都能「拗單」成功，這次當然也會想多等一下，「明天，就是明天，行情就會反轉」，每天我都願意多給市場一點時間，但就是不願意給自己一次停損的機會！等到虧損超出了我更砍不下手的金額，心一橫都已經到了這步田地，只會更想拗，然後祈禱諸方神佛都來相救，期盼行情反轉，奇蹟出現！但這次，好運不再來敲門，我輸得一敗塗地……

輸到沒錢還背負鉅額還款壓力，第一次感覺到「輸錢是這麼的

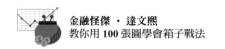
痛徹心扉！」但是，我沒有時間自怨自艾，我不能讓老婆擔心、我得想辦法還清債務；我也不能放棄交易，我很清楚唯有繼續交易才能讓我翻身；我一定得去正視我的交易方法與心態，這中間顯然大有問題，我得做出改變。

我開始主動跟身邊的高手朋友請益，重新摸索適合自己的交易 SOP，從新建立自己的交易心態，我不能再像以前一樣，每次虧損時都不願面對，只想從一大堆技術指標中，去找出那些支持我看法的訊號，然後進行自我催眠，相信行情總會再往上。

我也將指標使用範圍限縮到只有 KD、MACD，但怎麼用都不順手，我不懂為什麼這些指標總是背離再背離、鈍化再鈍化。拜阿魯米為師之後，他提點我要有價量的觀念，並懂得搭配均線執行交易，但在進出場的選擇上，總感到有不足之處，在交易的過程當中容易被洗來洗去。

試了一些方法也不斷地跟師父阿魯米請益討論，我才深刻的理解到「股價的移動是一個面的移動」，而經典的股票箱理論正是一種「股價面」的移動指標，其股票操作概念相當適合沒有金融專業背景的一般散戶使用。為了讓更多的投資大眾在股海中的操作可以進退有據，增加獲利機會，我寫下這本書，用最簡明易懂的方式說明如何使用箱子戰法（股票箱），在行情出現時，能夠吃到最肥美的一段魚肉；當走勢反轉時，又能夠即時的停損，保留資金，不至於大虧而無法翻身。

起心動念，寫出這本書是希望投資人不要再重蹈我的覆轍，也想幫助小散戶得以在股市逐漸獲利。在此感謝我職場生涯中長官、

同事的提攜教導，也感謝師父阿魯米在交易方法面與心態面的無私傳授。最後，還要感謝我太太在我賠光所有積蓄時，依舊對我充滿信心，陪伴我走過人生的黑暗低谷。

　　期許每一位有緣購入此書的讀者朋友，在看完這本書之後，能對股市投資交易有不同的領受，不會把股票交易視如畏途，不再只是道聽塗說、沒有主張，也不再冒冒失失的買進賣出，而是能夠逐步培養自己對股價走勢的觀察與分析，進而建立出一套能夠「賺多賠少」的交易策略，躋身股市贏家的行列。

Part 0

【箱子理論】
一個「芭蕾舞者」
所發明的交易系統

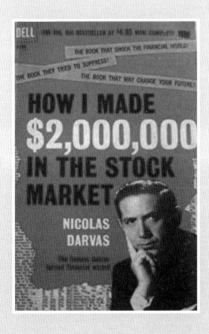

《HOW I MADE $2,000,000 IN
THE STOCK MARKET》
1960 年第一版封面

　　箱子理論，是由尼古拉斯・達韋斯（Nigolas Darvas）所發明的交易理論。大部分的人應該聽都沒聽過達韋斯這個名字，頂多只知道這個理論是由一位「芭蕾舞者」所發明。

　　一個沒有財經背景，與股票交易八竿子打不著的人，竟然可以在華爾街大獲成功，那他的成功之路，想必會是散戶可以直接學習、複製的最佳典範吧？

　　如果你是這麼想的，只對了一半。

　　首先，達韋斯並不是一般的舞者，他是當時「全世界最高薪的舞者」，除了芭蕾舞蹈，他也能設計字謎遊戲，還是乒乓球比賽冠軍，著實是個全方位發展、有著過人天賦的鬼才。但是，在這個被他稱為「另一個拉斯維加斯」的股票市場中，聰明如他也還是犯了一系列散戶都會犯下的錯誤。

　　1960 年是《How I Made $2,000,000 in the Stock Market》這本書第一版問世的年份，大賣了 40 萬冊；10 年之後，市面上已經買不到這本書，只因為它早已絕版。直到 1971 年，當出版社找上他重新再版這本書，達韋斯只是將歷來答覆讀者提問的內容置於最後當附錄，但 1960 年出版的原書內容是一字未改；原因無他，因為達韋斯充滿自信地認定，他的方法經過了時間的真實考驗，也得到了市場讀者的認可。

　　但是，時空背景不同，達韋斯當年可以獲利的操作方式，在今時今日的交易環境中，散戶若不知其所以然，就貿然的運用箱子理論在股票交易之中，很有可能會蒙受損失。

　　在這本書中，將結合近代對 K 線的理解，搭配箱子理論歷久

彌新的思維，重新建構一套適合台股的箱子戰法。心急的讀者，我不能阻止你直接跳過這個篇章，直接翻到 Part 4 開始學習箱子戰法。但我還是強烈建議你，如果可以，請按部就班地繼續讀下去。

接著，我將帶著大家回到 1950 年代，走一遍達韋斯跌宕起伏的交易之路，看看他是如何從完全是一張白紙的散戶，經歷了新手運的大賺，然後迫不及待的投入股市卻慘賠；看看他是如何從賭博的輕忽心態開始，進展到開始以公司基本面做為選股的依據，卻在信心滿滿的重倉買進後鎩羽而歸；乃至於最後的大澈大悟，他真正進入到技術分析為主、基本面資訊為輔的交易境界。

我會根據原著內容，試著精簡的重現他每一個時期的重點交易內容與交易思維的變化。我相信，在看完他的故事以及我重新繪製的交易圖表之後，當你正式要進到本書的「台股箱子戰法」策略教學內容，你會學得更加興致盎然。

交易，是個思辨的過程，學習也是如此。接著，請繼續讀下去吧。

0-1

加拿大時期（賭徒階段）

在 1950 年代，達韋斯是一位巡迴世界各地夜總會表演的芭蕾舞者。想當然耳，他對股市交易是一竅不通，對股票的所有認知就僅有「股價是有漲有跌的」，如此而已。

然而，在一次因故無法登台演出的合作機會中，他為了與加拿大客戶保持友好關係，以 3,000 美金買入了 6,000 股 BRILUND 公司股票，從此敲開了股市的大門，當時是 1952 年的 11 月。

達韋斯不是專職的投資者，並不會時時留意股市行情，就在他幾乎忘記擁有這檔股票的兩個月後，股價竟然默默上漲到每股 1.9 美元，他馬上決定賣掉股票，輕鬆入袋獲利 8,400 美金。（註：考慮每年 3.48% 的通膨速度，1950 年代一美元的購買力大約是 2020 年的 10 倍左右；也就是說，以現在來看，達韋斯就這麼莫名其妙地 2 個月賺進了現在的 80,000 美金，相當於台幣 240 萬。）

這筆天外飛來的錢對達韋斯而言實在太好賺了，他急切的想再次投入！但他面臨的第一個問題是：**「要如何獲得股票的相關資訊？」**他心裡盤算著，夜總會充滿了有錢人，藉著工作之便，只要

自己多方打聽，一定可以從有錢人身上知道股市的消息！

　　第一次賺錢像喝水一樣簡單，讓達韋斯對股票近乎瘋狂。就算不清楚公司名稱，不了解公司業務，也不知道公司位在何處，別人要他買什麼他就買，他就像典型的小散戶，無知、樂觀、頻繁交易，他甚至完全不清楚買賣股票要付出交易成本（經紀人傭金以及交易稅）。

　　在加拿大期間，他樂此不疲的操作了一年加拿大的股票，自我感覺相當良好，覺得自己是了不起的操盤手。但這階段的他，究竟是怎樣的一個散戶？簡單歸結如下：

◎ 亂槍打鳥，滿手股票

　　持股分散（20～30檔）且數量都不多，像隻蚱蜢般在股市裡跳進跳出，賺個1～2點就跑，志得意滿覺得自己像是個成功的商業人士。

◎ 什麼理由都可以買股票

　　憑著直覺、碰運氣交易、聽信市場謠言，賠錢雖是常事，但只要小賺一次又會帶給他無窮希望。最誇張的進場理由，竟然只是因為公司名稱念起來好聽而買進了 CALDER BOUSQUET 股票，結果還讓他賺到900美元。（股市中，這些瞎貓碰到死耗子、偶發性的甜頭還真是害人不淺。）

◎ 跟某些股票談戀愛

可能是來自一位好朋友推薦，或是曾在那些股票上賺過小錢，達韋斯對特定的股票有所偏好。這樣的心態導致日後當他再次持有這些股票時，就算發生虧損也捨不得賣。這些心中有所偏好、「當成寵物在養」的股票，到頭來卻是讓他虧損最多的股票。

◎ 想尋求專業人士的幫助

達韋斯認定，要炒股就需要借助專業協助。他開始訂閱財經顧問公司的資訊服務。儘管這些訊息總是號稱「再不買就來不及」，誇大不實地鼓舞散戶買進他們建議的股票，達韋斯卻也一再地被打動，並且一次又一次天真地拿起電話下單。

大部分財經情報所推薦的股票，就算達韋斯常常一買就跌，但他會抱持樂觀念頭說服自己：「專家之所以會推薦一定有其道理」、「不必擔心這次賠錢，因為下一支股票一定會賺！」。

◎ 將賺賠都歸結於運氣，沉迷於賺取小利

像賭馬一樣的買賣股票，股價一漲就興奮，對損失卻視而不見；就算買的股票總是跌，達韋斯也只會認為是運氣不好，好運總會降臨，且滿心期待。

◎ 散戶究竟該何時進場

　　只要他這種小散戶開始買進股票，股價就會立刻開始下跌，他感到困惑，「**到底該何時進場**」是他想解決卻不知道如何解決的大問題。

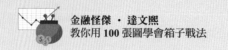 TJ 說書停看聽，請你想一想

　　你是否也曾像達韋斯一樣，聽了一兩次朋友報給你的名牌，沒做太多功課就去買入一檔股票，還真讓你輕易賺到了錢，然後就覺得股票真是好賺？

　　你是否也曾看輕自己，覺得自己對股市一竅不通？儘管你大學畢業、甚至擁有碩士學歷，卻還是覺得股市是個未知的領域，自己永遠不可能學會買賣股票的秘訣，而且也沒時間、沒興趣去搞懂，只想靠別人來告訴你答案比較快、比較穩當？

　　與其自己做決定，你還是決定找一個「看起來好像股市有賺到錢」的朋友指點迷津？「你覺得這支股票可不可以買？」「我之前買了 XXX，買進後卻跌了，你覺得我該不該賣？」這樣的對話你是不是感到熟悉？

　　聽到近在身邊的同事朋友熱烈討論、遠在天邊的電視媒體瘋狂報導著一檔檔賺錢的股票，你是不是就會蠢蠢欲動，覺得錯過這支沒買一定捶心肝、再不買就來不及了？

　　網路上號稱教你賺大錢的股票投資教學廣告一大堆，廣告貼出來的對帳單清一色都是只有賺錢沒有虧損，他們一定握有什麼獨家的賺錢秘密，也比你有更多交易資歷與專業素養，買他們的服務、看他們的分析、聽他們的建議準沒錯！但是，真的是如此嗎？天底下真有如此神人，只賺不賠？

　　你對於股票是否充滿錯誤的遐想：「買股票就是一定要賺錢

啊，怎麼可以賠錢？賠錢還買股票幹嘛？」但真是如此嗎？做任何事都有其風險，作任何決定也一樣有風險，那為什麼買股票前你不會先想到風險與虧損？「股票只要不賣就不算虧錢」，這樣想是對的嗎？如果當初你滿心看好並且買進的股票，現在的股價卻是一蹶不振，趴在地上起不來了呢？你依舊要自我催眠它總有苦盡甘來的一天？

你正在跟股票談戀愛嗎？遇人不淑你都知道要快刀斬亂麻，那跟你手中的股票，你為什麼沒有設定「分手條件」？也就是說，買進股票的同時，是否就預先設定了你一定會認賠殺出的「停損點」呢？

你是不是看到股票有賺，就趕緊收進口袋裡，深怕一溜煙這帳面獲利就不見了？你是不是漠視眼前的虧損，漠視那些看似已經跌很久、未來應該也不會太有起色的持股，你卻寧可選擇消極面對、不去處理？

如果這些症狀你都有，那恭喜你，你不孤單，60 年前的達韋斯也是如此。但是，投入市場不到一年的時間，他就開始有所覺察了。

請問，你，有嗎？

0-2

紐約華爾街時期
（基本面分析階段）

1953 年底，達韋斯拋售了大部分的加拿大股票，他決定進軍紐約。紐約華爾街的股市環境，是由負責任的企業、銀行大佬與大型工業聯合公司所主導，達韋斯感受到的交易氛圍與加拿大是如此截然不同。他決心要棄絕過去在加拿大的瘋狂賭博模式，要用更為謹慎、成熟的態度去投入紐約股市。

除了手邊剩下的 5,800 美元，達韋斯將更多表演收入挹注到自己的交易帳戶，總金額達到 10,000 美元。在華爾街操作股票的前幾個月，他輕而易舉地就賺進了 1,333.38 美元，他自信心再次爆棚，覺得自己天生就具備股票作手的能力。

1954 年底，10,000 美元已經增加到 14,600 美元。以下是這個時期他的交易經歷與面臨的問題：

◎ 滿頭滿腦都是交易，覺得市場滿地機會，但根本沒賺到錢

好像不管買什麼股票都能賺到錢，達韋斯總是頻繁地打電話給

經紀人，一天不交易就覺得渾身不自在，但花了大把精力，他卻只賺得蠅頭小利。（因為錢都給政府稅金與經紀人佣金給賺走了。）

◎ 求知若渴，著迷於股票名詞，
　追尋大量股市資訊卻不知其所以然

達韋斯認真研究著股市名詞，對盈利（earnings）、股利（dividends）、資本總額（capitalization）感到著迷；他還廣泛訂閱財經顧問機構的資訊刊物，例如穆迪（Moody's）、標準普爾（Standard & Poor's）、惠譽國際（Fitch Rating）。但對現階段的他來說，這些訂閱內容都有如天書，他都是有看沒有懂。

他還發現各家股市顧問機構的報告說法不一，彼此矛盾；買賣操作的建議語意都很模稜兩可，「回檔時買進」、「下跌時買進」，字面上是如此相近、但解讀起來又大不相同，他完全搞不懂什麼時候可看作是回檔，什麼時候才又算是真正下跌。

◎ 股市顧問公司頭頭是道的分析報告，
　還是讓他賠錢

某個股市顧問公司以大篇幅的報告內容推薦 EMERSON RADIO 股票，深入分析了資本總額（Capitalization）、銷售額（Sales volume）、稅前利潤（Profits before tax）、稅後淨利（Profits after tax）、每股盈餘（EPS）、本益比（PE Ration）等基本面資訊，

達韋斯被這些有憑有據的分析內容打動了。

分析結果告訴他，如此優質的股票價格被市場嚴重低估，若與當時唱片業巨擘 RCA 相比，EMERSON RADIO 股價至少值 35 美元。達韋斯對此有信心，放心地以 12.5 美元買進這支「穩賺不賠」的股票，但股價卻在他進場後就一路下跌，最後他只能忍痛停損售出。

事後，為了證實華爾街分析師的報告是否有其價值，達韋斯追蹤該支股票到 1956 年底，令他詫異的是，EMERSON RADIO 股價近乎腰斬跌到 5.75 美元。

◎ 頻繁進出不如抱住賺錢的股票

1954 年 11 月～ 1955 年 3 月，達韋斯頻繁進出買賣 KAISER ALUMINUM 股票，過程有賺有賠，但總結所有交易結果一共損失了 461.21 美元。事後檢討，他發現若是從第一次買進後就持股不動，整個買賣的起點與終點相同，結果卻是大不相同，他會獲利 1,748.75 美元。

KAISER ALUMINUM 的買賣經驗，讓他了解到「與其快速獲利出場並頻繁轉換股票，倒不如一直持有一檔賺錢中的股票」。

◎ 櫃買市場撿便宜

為了實踐低買高賣，達韋斯發現櫃檯交易市場可以撿便宜（不

受嚴格財務監管）。但櫃檯市場沒有嚴格的報價制度，沒人可以確保股票的流通性，達韋斯很快理解到**「櫃檯市場，是屬於了解特定公司業務的專家才賺得到錢的市場」**，他決定抽身只專注在「已上市股票」。

◎ 華爾街謠言跟加拿大沒兩樣，都沒有事實根據

達韋斯曾經深信華爾街的市場謠言。

案例一，「BALDWIN-LIMA-HAMILTON 鐵路設備商將建造一列原子能火車」這個消息在市場上傳開後，股價很快有所反應，達韋斯也跟著買進該公司股票，最後卻是認賠 1160.38 美元賣出。

案例二，經紀人聲稱握有第一手消息：「STERLING PRECISION 正在收購許多具有前景的小公司，即將成為巨型企業體」，勸說達韋斯買進。但就在他買進之後，股價震盪並慢慢滑落，達韋斯發現苗頭不對全部拋出，短短幾天就損失了 1055.65 美元。

◎ 跟著內部人交易

華爾街日報有一個欄目，會揭露上市公司高層與董事買賣自家公司股票的訊息，達韋斯決定採取「跟著內部人」模式進行交易，看到內部人買他就跟著買，看到內部人賣他就跟著賣，但結果並不奏效。

◎ 基本面分析方式，才是適合自己的方法

達韋斯曾在 1954 年 8 月買進 VERGINIAN RAILWAY，又是一檔「放著忘了管卻賺錢」的股票。後來他向經紀人打聽，原來這家公司分紅優渥、盈利記錄良好、財務狀況優質，他確信就是因為基本面佳，股價才能穩步向上。關於「到底什麼股票才會漲」這個問題，達韋斯現階段心中認定的答案是：「基本面選股才是有憑有據的選股方式」。

達韋斯針對符合「公司評等佳」、「專家推薦」、「股價低於每股淨資產」、「現金流充裕」、「分紅從來不縮水」這些條件的公司，比較他們的資產、負債、毛利、PE Ratio 等指標，判斷否值得投資。研究後，他發現有些好公司的**基本面雖然好，但股價並不太會漲**。

◎ 找到最強的產業中表現最亮眼的股票

達韋斯認為，股票如同羊群，同產業的股票會傾向於齊漲齊跌，只要能找出最強的產業族群，再從其中挑出表現最亮眼的股票，這支通過層層篩選比較出來的「優等生股票」鐵定會漲，會替他賺錢。

產業族群評比的結果，達韋斯鎖定了鋼鐵業。接著，他再找出該產業中表現最出色的前 5 支股票，比較他們的財務指標找出了「JONES & LAUGHLIN 鋼鐵公司」，他不可言喻的興奮，覺得這

是一支透過嚴謹邏輯所篩選出來的股票，他終於找到了那把開啟財富之門的金鑰匙。他一廂情願的認定，JONES & LAUGHLIN 甚至比 1952 年第一次誤打誤撞買進的 BRILUND 股票還要強大，他下定決心一定要籌到更多的錢，讓自己可以大量買進這支超級優質的股票。

他抵押了位於拉斯維加斯的房地產與個人保險去換取貸款，和客戶簽立了長期合約並預支表演酬勞。1955/9/23，他信心滿滿以 70% 保證金比例，購入 1,000 股 52.25 美元 JONES & LAUGHLIN 股票（投入成本 52,652.30 美元）；他預計可以漲到 75 美元，股價卻在 9/26 開始下跌。達韋斯不斷自我安慰，這只是暫時的「回檔」，如此萬中選一、優質又穩健的股票，絕對不可能讓自己失望，他一定要堅持下去、抱好抱滿。10/10 股價跌到 44 美元，他坐立難安，最後決定全部認賠拋售，不到半個月淨損失 9,069.18 美元。

◎ 絕望後的孤注一擲，買進一檔「看起來正在漲」的股票

在 JONES & LAUGHLIN 的失利之後，達韋斯倍感絕望。原來自己誤打誤撞買進 BRILUND 股票所建立起來的自信，其實錯得離譜，所有嘗試過的方法看似有模有樣，卻都不奏效。他幾乎要放棄，痛定思痛後決定要繼續留在市場中，但他也明白，一定要找出一個「對的方法」來彌補龐大的損失。

達韋斯開始每天花費數個小時觀察股市中活躍的股票，期望

能看出一些端倪，找到解脫與翻身的機會。直到有天，他看到了上漲中的 TEXAS GULF PRODUCING，這是一支達韋斯對它的基本面一無所知的股票，他沒有聽過任何跟它有關的市場傳言。達韋斯唯一可以看到的，就是它每天穩步上揚。他決定試一把，投入 37,586.26 美元買進 1,000 股。

股價持續上漲到 40 美元，他心癢難耐，好想把眼前的收益趕緊收進口袋中。但是，達韋斯生平第一次抵擋住短線獲利的誘惑，只因為他想要賺更多的錢去弭平先前損失的 9,000 美金，他緊緊抱住 TEXAS GULF PRODUCING 股票。辛苦持有這檔股票 5 個星期的時間裡，他一刻不敢鬆懈，關注著價格的每一次變動。直到股價漲到 43.25，達韋斯才全部拋出，成功獲利了結，並且挽回了先前一半以上的損失。

NOTE

TJ 說書停看聽，請你想一想

　　華爾街在二次世界大戰後享受了史上最長的一次牛市，美國股市幾乎毫無阻力的從 1949 年一路上漲到 1957 年。達韋斯是在多年之後才明白，剛到華爾街初期之所以能賺錢，並不是自己厲害，純粹只是因為「剛好站在風口上，所以連豬都會飛」。

　　達韋斯初來乍到華爾街的頭半年雖有獲利，但在他心中依舊緬懷著買進 BRILUND 股票的綺麗回憶，他雄心勃勃地相信自己一定可以再找到下一支漲幅翻倍的股票，而非眼前的小打小鬧。

　　在這個達韋斯認為「搞懂基本面分析才是真專業」的時期，他已經不再道聽途說，也不再只是追求交易的快感而頻繁交易；他開始逐漸明白，要挖掘出那潛藏的股市大黑馬，要靠自己用功做功課、要借助更權威、更全面的企業評價機構的專業服務，要自行比對篩選出強勢產業中的龍頭老大，他盡了最大的努力整理、研究、分析、比較，他想要贏得有憑有據，避免重蹈覆轍以前的賭徒做法。但是，就在他信心滿滿的全力重押 JONES & LAUGHLIN 股票後，卻想都沒想過這竟是壓垮他對基本面信仰的最後一根稻草。

　　「沒輸過大錢，就很難痛定思痛」，很多在股市倖存下來並且成功的交易者，其實都有各自血淚交織的故事，聰明過人如達韋斯也是如此。但是，在我看來，我覺得他輸得不冤，至少在這個階段的達韋斯：（一）**有停損**（對於損失不再輕忽），（二）**靠自己的實力獲利**（不再聽信謠言、不再歸結於運氣），（三）**懂得收斂選**

股範圍（用基本面選股，汰弱留強，不再亂槍打鳥），（四）**歸納出適合自己的交易原則並且奉行不悖**（開始有紀律思維），（五）**自省的能力**（這點最重要！）我無法用書摘的簡短內容，重現他賠到差點失去房產的沮喪、對破產的恐懼，以及自信心的潰散；我也無法讓讀者身歷其境他承蒙老天眷顧、意外的賺回大半損失後的如釋重負。但達韋斯的經歷，不管是潰敗也好、意外之財也好，都是他發展出自己的交易理論的重大養分。

不同的時空背景，一樣的散戶故事重複在上演著。我在寫這篇文章的時候，正巧收聽到臨床心理師柯書林的 Podcast，他強調「看見的力量」，唯有看見，改變才可能發生。分享達韋斯的交易故事，是想讓各位讀者有機會「抽身並且換位」，當你有機會成為「觀眾」，你才有機會用另一個角度去看待自己在股市中的愛恨情仇，才能更客觀地去檢視虧損、慎重檢討交易方法，然後深刻的認識你自己。

0-3

紐約華爾街時期
（技術分析階段）

從賣出 JONES & LAUGHLIN 的驚恐與失望，到 TEXAS GULF PRODUCING 的絕處逢生，達韋斯真正理解到不能將自己的操作建構在「運氣」之上，他決定靜下心來好好思考自己的交易經歷，試圖去了解怎樣才能「玩好這場遊戲，並且能賺到錢！」

因為買賣 TEXAS GULF PRODUCING 的大獲成功，他想通了，他認為自己應該重複採用成功的方法，才能證明技術分析方法是確實可行且持續有效。以下是他在這個階段的重大發現：

◎ 下一個 TEXAS GULF PRODUCING — M&M WOOD WORKING

達韋斯每天花費數個小時研究股市行情，終於，一支沒有任何股票顧問公司提及的股票進入他的視線範圍，而且它的走勢讓達韋斯想起了 TEXAS GULF PRODUCING。

1955 年 12 月，M&M WOOD WORKING 的股價在一個月內從

15 美元漲到 23.625 美元，之後經過 5 個星期的盤整，這支股票的**成交量開始上升，股價持續上漲**。達韋斯決定以 26.625 買進 500 股，之後股價繼續漲，達韋斯也持續持有。**價漲量增**的趨勢持續，當股價來到 33 美元時，他全部售出，獲利 2866.62 美元。

這次，達韋斯並**沒有因為賺錢而有太大的感覺**，他是因為自己「看對了」而感到興奮與幸福。達韋斯對這支股票一無所知，也不知其背後股價驅動的因素，但再一次看對、買對的經驗，讓他更加確信了「**採用純粹技術分析的可行性，只研究股價與成交量，不去思考其他因素，是可以賺錢的**」。

自此之後，達韋斯盡量不再關心市場謠言、小道消息或是基本面消息。因為，若公司基本面出現好變化，自然就會有很多人急著去買進，這些利多消息就會反映在公司股價走勢與成交量放大之上。想參與其中，永遠不嫌遲。

◎ 股價如何偵測出股價出現「好」變化？

達韋斯認為，如果一個平常並不活躍的股票突然活躍起來，一定事有蹊蹺；在這異常表現的同時，如果又出現上漲的情況，他會買入。然而，這樣的方法並非一帆風順，因為他還是時賺時賠。

1956 年 5 月，他以 67 美元買進 200 股 PITTSBURGH META-LLURGICAL，他認為買進後就會迅速上漲。但是，股價卻在他買進後朝著預期相反的方向前進，達韋斯判定這只是「小小的微調」，之後一定會啟動更猛烈的向上進攻。

　　10 天後，股價跌至 57.375 美元，達韋斯損失了 2,023.32 美元出場。而且，**一賣出後，股票就上漲**。他不懂為什麼，他想搞清楚緣由。

　　原來，他買進的時間點是這檔股票已經連續上漲了 18% 之後，也就是說，他買在一個短期的高點，而這個漲幅是當時這支股票所能達到的上限。如此看來，他的**選股並沒有問題**，是**買進的時間點有問題**。

◎ 箱子理論的誕生

　　達韋斯開始意識到，股價的漲跌並不會如同洩氣的氣球一般，沒有方向的亂飛亂竄，股價的移動其實帶有某種「一致性」，往往會沿著上升或下跌的趨勢前行。一旦趨勢建立，趨勢會持續，股價也就會像被一股強大的磁力給吸引住，只會往某個方向而去。

　　然而，股價很少是一飛沖天的上漲，中途毫不停頓；也少有股票會一瀉千里的下跌，過程沒有停留。不管是漲是跌，走勢過程中的任何價位都可能遭逢阻力，而形成一系列的區間波動，達韋斯將這些區間波動稱之為「箱子」。

　　達韋斯發現，**上漲趨勢中的股票，是由類似的行進方式所構成，價格會由一個箱子移動到另一個更高的箱子內，是呈現如同金字塔一般，一個頂著一個往上堆疊排列**；而每一個發展階段，價格會在一個顯著的上下限之間起伏一段時間，再突破而出，進入到下一個箱子，再上下起伏一段時間，如此持續進行。

價格在箱子內的震盪起伏，時間或長或短，但這個現象代表走勢正在累積力量，準備向眼前的阻力發動攻擊，延續先前已經建立起來的走勢。達韋斯對於箱子內部的波動調整，比喻成「**舞蹈演員騰空起跳前的下蹲，是為了上漲做準備**」，而且他認為這樣的回調過程也可以將意志不堅的散戶甩出去，讓股價漲得更快。

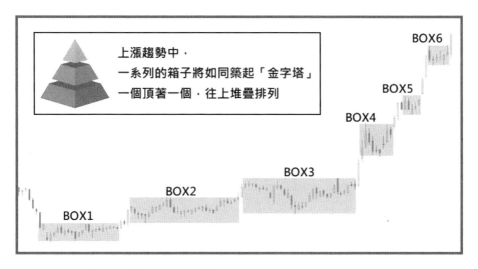

【圖 0-1】達韋斯的「如同金字塔的箱子堆疊示意圖」

◎ 找到正確的股票

達韋斯體悟到過去研究的「基本面」，跟曾經依賴的小道消息一樣沒有用處；經紀人、市場分析師、包含過去的他，都被市場的迷思給誤導。他花了太多時間去研究公司的財務狀況，直到後來才

知道自己根本搞錯方向。因為，沒有任何人、任何資訊可以告訴他和未來有關的任何事情。**他想知道的其實很簡單：「誰能告訴他哪些股票將上漲，為他賺錢」**。

「一支股票的價格正在上漲，是我買他的唯一好理由」，達韋斯認為，只要出現這個看得見的事實，就不需要其他的理由；相反的，當這樣的事實不存在，那麼其他的理由也就不值得考慮。

但到底要如何覺察趨勢？透過長時間大量的觀察股價的價格波動，達韋斯做出這樣的結論：**「只有打破先前歷史高點的股票，且股價落在目前最高箱子內的股票，才是他該感興趣的股票。」**

而且，只要股價沒有脫離目前最高的這個箱子，是漲是跌都沒有關係。相反的，如果股價都不太跳動，那才是讓他擔心的。因為，股價若缺乏有力的波動，就無法繼續充滿能量地上漲。

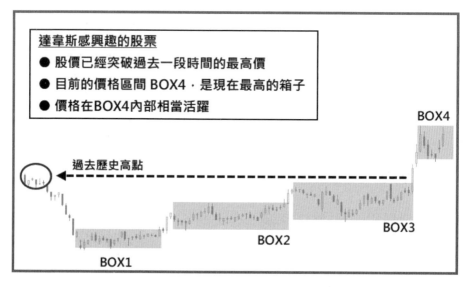

【圖 0-2】達韋斯感興趣的股票所具備的三大必要條件

◎ 判斷箱子的範圍

股價上漲有其極限，不可能永無止盡的漲下去，經過一段時間，支撐漲勢的能量總會消散（買單逐漸減少），股價將無法繼續往前衝刺，依據達韋斯的經驗，只要股價 3 天內未能創新高，那麼箱子的頂部就可確定。

在高點確認之後，部分獲利了結的賣壓將湧出，股價會止漲轉跌，要確立箱子的底部，就是要觀察低點在哪裡。同樣的，若低點 3 天內未再創新低，就能確認箱子的底部。（關於箱子高、低界線的界定，達韋斯有很明確的指導原則與順序。上漲趨勢中，一定要先明確定義出堅實的頂部，才能進一步去尋找、定義底部。相反的，在下跌趨勢中，就必須先有箱子底部才有箱子的頂部。）

在解析一檔股票的走勢時，達韋斯的首要任務就是**明確定義出箱子的頂部與底部**，主要有兩大目的：（一）**確保股價跌落底部之下時立刻賣出股票，因為這代表股價沒有朝預期的方向而去；（二）避免錯把還在箱子內部的波動，誤認成是價格已準備好要過渡到更高／更低的箱子去。**

在達韋斯的經驗中，有些股票波動小，箱子的高低振幅範圍不超過 10%，有些震幅較大的股票，箱子的高低範圍可能達到 15 ～ 20%。

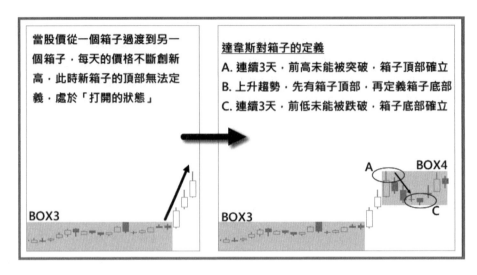

當股價從一個箱子過渡到另一個箱子，每天的價格不斷創新高，此時新箱子的頂部無法定義，處於「打開的狀態」

達韋斯對箱子的定義
A. 連續3天，前高未能被突破，箱子頂部確立
B. 上升趨勢，先有箱子頂部，再定義箱子底部
C. 連續3天，前低未能被跌破，箱子底部確立

【圖 0-3】達韋斯如何界定箱子的頂部與底部

◎ 突破箱子頂部買進

從 BOX4 可以看出，當股價觸及高點 27.5 元，它會回檔至 21.0 元，但之後每天都能收在 21.0 ～ 27.5 元之間，達韋斯對於這樣的股價表現是滿意的，因為價格還在箱子內，但只要價格向上突破箱子的頂部「準備」進到下一個箱子，他就會買進。

達韋斯無法找到任何法則去說明，為什麼價格走勢會是如此，所以他只能密切的觀察，但只要一發現突破就要立即行動。

有一次達韋斯的經紀人沒有辦法連絡上達韋斯，使他錯過了 LOUISIANA LAND & EXPLORATION 這支股票的突破買點而深感

沮喪。但也因為這次事件，他學到了他交易軍火庫中的第一把武器：「**AUTOMATIC ON-STOP BUY ORDER，到價自動買單**」，並一勞永逸的解決了他「無法在預定價位自動買入」的操作問題。

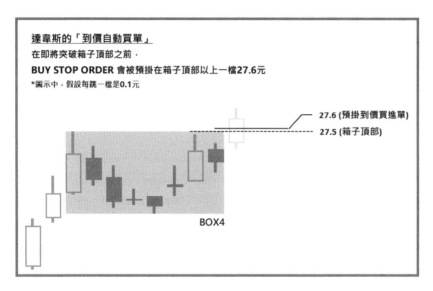

【圖 0-4】達韋斯的「到價自動買單」

◎ AUTOMATIC STOP LOSS SELL ORDER： 自動停損賣單

達韋斯的自動停損掛單有兩種，一種是買進之後的「**自動停損掛單**」；另一種情況是，走勢突破既有箱體、也很快拉開價差，當新箱子成功建立後，股價也在新箱子中如預期般震盪；此時，為了

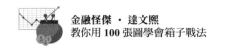

避免股價出乎意料的急轉直下，就會將先前的停損點上移，重新設置在新箱子底部之下的**「移動停損單」**。以下，會將兩種停損機制分別說明。

「到價自動買單」觸發，就同步設置的「自動停損賣單」

達韋斯曾經在 94.375 美元買進了 NORTH AMERICAN AVIATION 股票，他堅信價格隨即會上漲，並將會建立一個新的箱子在 100 美元之上；買進後，股價卻向下跌，但他有了先前連勝的自信心，讓他就算跌了 1 美元、2 美元都沒有賣出，他的堅持卻將先前幾次成功交易賺得的 2,000 多美元全賠了回去。

這次交易的失利，是達韋斯交易生涯一個重要的轉折點，達韋斯有了以下幾個體悟：**（一）股市沒有確定的事，有超過一半的時間他的判斷其實都是錯的；（二）面對事實，要放下自傲與自尊；（三）放下偏見，不能和任何理論或股票談戀愛；（四）不能心存僥倖，要盡可能降低風險。**

達韋斯根據自己觀察過幾百支個股所得到的結論，一旦一支股票往上脫離目前的箱子，可能就會繼續上漲，直到那股將股價上推、突破原有價格上限的買進力道被耗盡為止；他也相信，一支股票上升到新的、更高的箱子之後，不應該再次跌回原本的箱子之內。但經過了 NORTH AMERICAN AVIATION 的失利，他意識到自己必須**「務實地接受錯誤，在虧損還小的時候就立刻認賠出場」**；所以，當他在價格突破箱子買進時，就會同步在原本箱子的頂部以下一檔設置一張自動停損賣單（AUTOMATIC STOP LOSS SELL

ORDER）。

儘管日後達韋斯經歷多次「觸發自動停損後，股價隨即上漲」的狀況，但他心裡很清楚，相較於可能的鉅額損失，這些自動停損的損失其實一點都不嚴重，因為他總是還有機會以更高的價格再次買回這支股票，再賣出更高的價格。

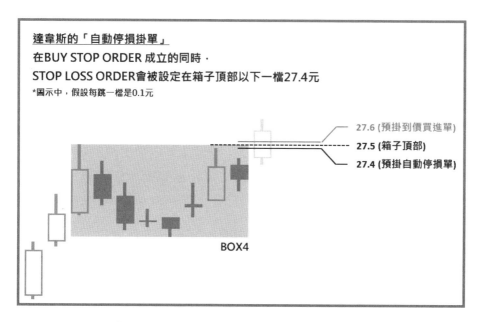

【圖 0-5】達韋斯的「進場同步預掛停損單」

TRAILING STOP LOSS ORDER：移動停損單

達韋斯的交易經歷中，最難以克服的就是「太快賣掉上漲中的股票」；他明明知道繼續持股才是對的事，但膽小總是讓他反其

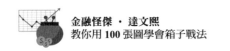

道而行，想快點將獲利入袋為安。但是，在真實的交易世界中，沒有人可以預先知道一支上漲中的股票會漲到哪裡去，所以他早在 1960 年代就告誡所有讀者：**「任何聲稱自己總是可以賣在最高點的人都是在說謊。」**

華爾街有句名言：「有賺錢的人，就不會破產」，達韋斯也曾奉為圭臬，但慢慢地他發現根本不是這麼回事。若一直維持小賺小賠，儘管帳面顯示不賺不賠甚至還有小賺，終究會因為頻繁進出市場的手續費、交易稅而累積虧損，最終「交易成本」這隻咬布袋的老鼠會把本金給吞噬殆盡。

為了幫助自己擺脫獲利回吐的恐慌，抱得住上漲中的股票，並減少交易的頻率，達韋斯的作法是：**將停損單跟著上漲的股價上移，並確保兩者維持在一個合適的價差，以避免無意義的價格波動觸及停損而出場。**

「箱子底部之外」的移動停損單如何設置，請看以下的舉例說明。假設有支股票，在走勢圖破 BOX4 之後，在 29-34 美元之間的 BOX5 震盪著；震盪幾次、震盪多久都沒有關係，只要它不跌落至 28.9 就好；但只要股價跌至 28.9 美元（箱子底部以下一檔），就代表價格可能跌落到更下方的箱子裡，他就會立刻損出所有股票。

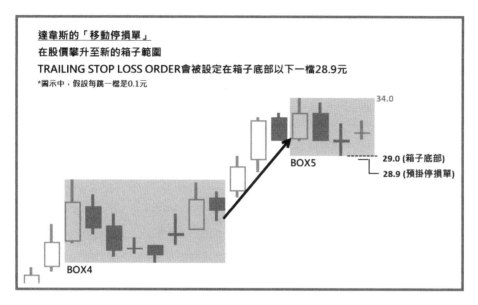

【圖 0-6】達韋斯的「預掛移動停損單」

　　至此，沒有太多交易經驗的讀者可能會感到納悶，怎麼達韋斯一直都在講停損，到底他是怎麼獲利的？其實，他的移動停損單正是他的獲利之道。

　　既然**沒有人可以預知上漲中的高點在哪，那就別亂下決定，而是讓價格走勢來告訴你「何時該賣出賺錢的股票」**！既然箱子理論是從堆疊的箱子發現趨勢，那麼**「當箱子所堆疊起來的金字塔開始崩塌的時候」，就是趨勢產生變化的時刻**！達韋斯的移動停損單會跟著上漲的股價上移，他雖然無法賣在最高價，但一定相去不遠。

　　這樣的自動停損出場的作法，讓他得以在股價反轉下跌時做好第一時間的防守，除了將損失降到最低，還能保有大部分的獲利。

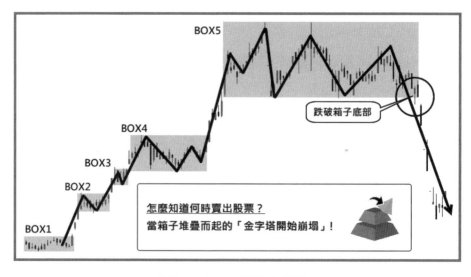

【圖 0-7】何時該賣出股票？

◎ 有限的資訊，置身事外卻造就他超然的看法

因為長年在國外表演，達韋斯只能透過 2 個管道獲知股價訊息：

    1. 航空郵件寄送 BARRON'S 金融周刊
    2. 請經紀人將達韋斯所有持股的報價，透過電報發送給他
      （收盤價、最高價、最低價）

由於達韋斯是以越洋電報獲得報價與進行交易，他必須面對飛行時間、兩地時差、各國電報設施的普及程度不一等等諸多限制，

他被迫只能操作少數幾檔股票。但這些看似限制與不便之處，他後來卻發現其實有許多優點，**因為電報的高昂成本讓他更在意交易的效益；沒有機會聽到華爾街的矛盾謠言，反而讓他可以更超然的看待手中持股。**

◎ 將道瓊平均指數納入追蹤

達韋斯越來越習慣越洋交易，也越來越有自信，但他的部分持股有時卻會出現讓他費解的走勢。他沒什麼頭緒，只能翻爛了手邊的雜誌，試圖推敲出原因。

原來，當大盤出現劇烈波動，股票也會出現莫名其妙、與先前表現迴異的走勢。於是，他試圖找出大盤與持股的關聯性，卻發現**每一支股票的股性都大不相同，並非以一個固定模式、機械化的活動著。**

最後，他了解到整體市場的多空循環，是以循序漸進的方式影響著幾乎每一檔股票。在此之後，他每次收到電報時，**會將個股與道瓊平均指數比較，評估它們的交易區間，再決定是否該買、該賣，或是繼續持有。**

◎ 記錄買賣股票理由，找出個股股性

聰明又用功的達韋斯，解讀資訊與市場現象的能力逐步提升，他開始了解股票跟人一樣也有個性，有些股票容易被預測，有些股

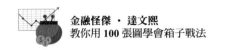
票卻可以多次給他打擊。透過記錄表格，他從錯誤經驗中學習，累積盤感。（就跟駕車上路一樣，無法靠讀書學會，終究還是要培養出自己的駕駛能力，這一切都得從經驗中學習。）

◎ 股票價值就是在反映市場價格

無論達韋斯憑著經驗做出的判斷有多麼嚴謹，他慢慢體會到，他並不是預言者，他僅僅可以斷定手中持股「當下很健康」，但他完全無法保證它明天不會發高燒重感冒，他也無從要求股票該做什麼或不該做什麼。

世界上沒有所謂「現在價格是 40 元，但它其實值得 50 元」的股票，市場對這支股票的報價是 40 元，那麼「它就是支只值 40 元的股票」，散戶不該對「號稱被市場低估的股票」抱持太多的期待與想像，那是不切實際的，也會影響買賣的判斷。

有了這個認知之後，達韋斯發現自己不再會因為股價上漲而感到自滿，也不會因為股價下跌而感到挫敗；犯了錯也不會不開心，對他來說就是把股票賣掉停損而已，一切都是這麼自然而然進行著。

◎ 相信箱子理論的機制，耐心等待機會

1957 年夏天，達韋斯經歷一系列的停損出場，他買進的每檔股票幾乎都在慢慢反轉，一檔又一檔都跌破了它們所在的箱子底

部，達韋斯只能接連的停損賣出持股。

　　儘管不喜歡這樣的狀況，但達韋斯相當把持得住，他很有耐心地堅守自己的理論，他選擇靜觀其變。

　　幾個月後，市場情況明朗，達韋斯才知道當時是處於一個牛市（多頭市場）的尾聲。因為工作關係，他總是遠在市場千里之外，聽不到市場預測、散戶間的謠言，看不到基本面的變化，而是他自己奉行不悖的理論與停損機制，有效的保護了他，讓他早早就出場。

0-4
技術 X 基本面二刀流
（箱子理論成熟期）

◎ 空頭市場的體會，技術面要與基本面並用

經歷了歷史最長的牛市之後，市場進入熊市，也就是空頭市場時期。達韋斯發現，當市場出現重大衝擊，大小股票都無一倖免，但傷得多重、要跌多久，每支股票會有所差異。

「一匹會贏得比賽的賽馬，注定地就是會贏。就算成千上萬的觀眾只為另一匹賽馬打氣加油，結果也不會改變。」散戶若買進一支事後證明是錯誤的的股票，就算每天替它搖旗吶喊、用力祈求它往上推升，都不會對股價有任何影響，也沒人可以預知走勢會跌得多深。

在市場持續穩定下跌，達韋斯雖然早已沒有股票，但他還是認真追蹤著 BARRON'S 週刊的報價，試圖找出「與下跌趨勢對抗，不甘沉淪」的股票。深入檢視比較後，他發現大部分這類頑強抵抗的股票，都是盈利改善或是盈利大幅度攀升的公司。

「股價，終究還是會受到公司『盈利能力』影響」，有了這個

頓悟，他決定將既有的技術分析與基本面分析方法結合使用。**他根據股價在市場上的技術面表現選出標的，但最後他只會買進那些「盈利能力正在好轉」的股票。**

達韋斯「技術面基本面並重」的理論，逐漸趨於完整。

◎ 以 20 年的遠見，尋找公司盈利大幅改善的股票

達韋斯並非「存股派」的信徒，他追求的是有先見之明，有超前 20 年的市場眼光，找到具備未來性、有創新能力的公司。他認為，那些即將快速擴張、但還在嬰兒時期的產業，除非發生一些不可預見的狀況，否則它們的擴張勢必很快就會在市場上反應出來。

一個新的潮流出現，有遠見的投資者會投入，藉著持有股票與潮流共進；但當潮流退去，他們也能感受到流行的變化，先一步出脫持股，再將資金投入另一波新崛起的流行股票。

若能找到一支具有前瞻性且擴張中的股票，在它逐漸茁壯的過程中參與並持有股票，一定能賺到大錢。

◎ 買高賣更高，那些看似昂貴卻便宜的飆股

達韋斯想挖掘的股票，是「能激起人們對未來的想像」這樣的股票，他只是想知道這支股票是否屬於新興、擴張中的產業，且它在市場中的表現是否符合他的「上漲中股票條件」。

這是一個與大部分保守財經作家背道而馳的想法，因為他們

長期對散戶灌輸觀念：「充分研究公司財報、資產負債表等背景資料才能聰明投資。」達韋斯認為，這些方法只能讓他知道過去與現在的狀況，並無法幫助他預知未來，因此他要推估出自己的未來計畫！

　　他將自己的交易態度定義為**「高價區交易模式」**，他尋覓的是那些未來有展望，正達到或接近歷史新高的股票。股價的歷史高點，如同一個火箭發射台，如果股價有機會爬升到發射台的高度，他就會開始關注它，因為這支即將竄升的股票即將再創新高！他下定決心要用「買在高點，再賣在更高點的方式」操作股票！

◎ 集大成於一身的箱子理論

　　歷經 5 年的自我訓練，從加拿大交易經驗體悟到不可以純然抱持賭博心態，基本面分析的經驗教會他懂得分類產業族群以及觀察盈利趨勢，技術面時期的磨練告訴他如何解讀股價走勢並找出技術點位。達韋斯交易策略中的每一塊拼圖現在都完美到位，他對未來充滿信心。

0-5

重現達韋斯的交易歷程
（1957-1959）

　　達韋斯廣為人知的交易經歷主要集中在 1957-1959 年，正是箱子理論正式進入一個集大成的階段，而且他的操作也漸臻化境。在達韋斯的書中，收錄了美國研究顧問公司（American Research Council）所繪製的個股週線圖，而這幾支股票也正是讓達韋斯 18個月賺進 200 萬美元的主要標的。

　　當年的出版社提供這些圖表與附註說明，不外乎是為了要將達韋斯買進的理由、買進時機，以及停損方法的使用，更具體向讀者說明。可惜的是，部分較為細膩的操作（須精細到日線才能顯現），書中並沒有更深入的解釋。

　　所以，我將原著書中的操作細節也整併、加註到我改製的週線圖中，我想一定可以讓現在的讀者有更好的閱讀體驗。

● 範例 1：LORILLARD 濾嘴香菸公司（操作時間 1957 年 10 月 ～ 1958 年 5 月）

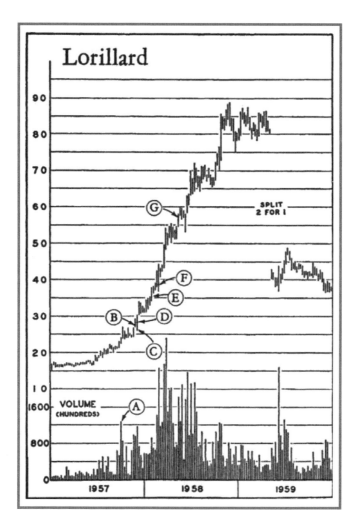

【圖 0-8】LORILLARD 週線圖

節錄自《How I Made $2,000,000 in the Stock Market》2001 年原文版本

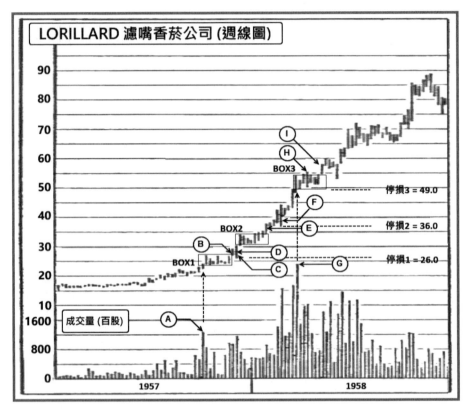

【圖 0-9】LORILLARD 週線圖（為方便圖文解說，重製版本）

Ⓐ　1957 年 10 月第 1 週，達韋斯留意到 LORILLARD 這支股票的成交量突然放大（相較於 1957 年初平均每週只有 10,000 股，126,700 股是爆量等級），價格也上漲至 BOX1 之內（區間 24-27）。（後來達韋斯發現 LORILLARD 的客戶是市場上兩大知名香菸品牌，他對於 LORILLARD 公司基本面更有信心。）

(B) 1957 年中過後，美國正在進入一個小熊市中，但 LOR-
ILLARD 的股價卻特立獨行、活潑的在 BOX1 內部上
下亂竄。11 月中旬，達韋斯預估股價將進到 27 ～ 32 美元的區間，
他用到價掛單在 27.5 美元買進 200 股，停損設在停損 1 = 26 美元。
（這個停損點的設置相當耐人尋味，因為並不如他在中書所傳授
的，是掛在突破點下一檔的位置。但他在之後的另一本著作中有解
釋，當時他尚未嚴格遵守箱子理論，他也覺得自己的方法尚有不足
之處，所以選擇給股價波動更多空間。）

(C) 11/26 觸及 26 美元停損價位，停損出場；但賣出當天，
價格收盤卻站回至 26.75 美元。

(D) 11/26 的同一週，達韋斯以更高價格 28.75 美元買回
200 股，停損同樣設在停損 1 = 26 美元（在更高價買回
的動作，符合達韋斯「快速接受虧損，並重新買在更高價」原則；
但停損依舊維持在 26 美元，達韋斯並未多作解釋，推估是他從每
日的高低價作出的主觀的判斷。這些細節在週線圖中看不出來。）

(E) 股價在 12 月建立了新箱子 BOX2（區間 31 ～ 35 美元）；
股價箱子呈現一個一個往上堆疊的「堆箱」關係，在價
格突破 BOX2 時，分別再以 35 美元與 36.5 美元買進各 200 股（這
次的加碼原則，是在突破箱子頂部時進行加碼。）

(F) 1958/2/18 股價最低下挫至 36.75 美元，但收盤有站上
37.75 美元，驚慌的達韋斯趕緊將停損移動到停損 2 =
36 美元。之後，股價沒有觸碰到 36 美元就重新攀升，於是他在上
漲途中以 38.625 美元買了最後 400 股（達韋斯的移動停損原則，

必須要等到新箱子建立後，才會將停損移動到最新的箱子底部以下一檔；但這次的停損操作，看起來是達韋斯主觀地想要確保獲利不被咬回去，所以選擇停損在收盤價 37.75 美元以下 2 美元的位置。至於在 38.625 美元的加碼 400 股，也是一個主觀操作，因為回檔過程短暫，且沒有觸及 36 美元，推估應是因為達韋斯確信股票強勢所作的加碼決定。）

Ⓖ 1958 年 3 月第 3 週，一週之內漲了 4.125 美元，成交量是 316,600 股歷史天量，穩穩運行於 BOX3（區間 50-54）之中。

Ⓗ 1958 年 4 月第 2 週，一度創高 55.25 美元，但隨即跌回 BOX3 之中，達韋斯沒有加碼規劃，但將移動停損上移到停損 3 = 49 美元。（從圖中可以看出，BOX3 早在 1958 年 3 月就已經成形，頂部、底部都已出現，但達韋斯卻直到 H 點發生才將停損改到 BOX3 底部之下。）

Ⓘ 1958 年 5 月，為了投入另外一檔股票，達韋斯需要調動資金，以 57.375 美元的均價拋掉 1,000 股，最終獲利 21,000 美元出場。（若非達韋斯有資金需求，他並沒有賣掉 LORILLARD 股票的理由。若他繼續按照箱子戰法的移動停損原則，不跌破箱子底部不出脫持股，那麼他將有機會做到 1958 年底的 80 多元的高價。）

TJ 看圖說故事，請你想一想

　　American Research Council 的個股圖表，是根據週線格局繪製，但達韋斯更多的交易決策與細節其實存在於更細的時間格局，也就是說，若圖表可以細膩到日線格局，一定會對現在的我們更有幫助，著實可惜。

　　達韋斯的選股與進場，都相當「有耐心」，他並不會在成交爆量、股價上揚的同時就急著進場，**它一定會等到「箱子如同金字塔般的向上堆疊」，展現出向上的趨勢後，在最上方的箱子被突破的時候進場。**

　　他在 1957 年 10 月注意到這檔股票（剛突破長期盤整要進入 BOX1），但是直到 1957 年 11 月中旬，才開始布局買進 LORILLARD 這檔股票（突破 BOX1），而且僅是小量的試單，相當沉著、不躁進。

　　達韋斯在書中提到，當他感到每日的價格波動符合箱子理論的特徵，他通常會先以試水溫的方式，買進少量的股票，因為他自己必須透過實際上持有股票，才能真正「感受」到價格走勢。這個「試單」的方式，我認為是很值得推薦給每一個散戶的好概念！

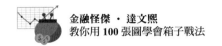

●範例 2：DINER'S CLUB 信用卡（操作時間 1958 年 1 月～ 1958 年 4 月）

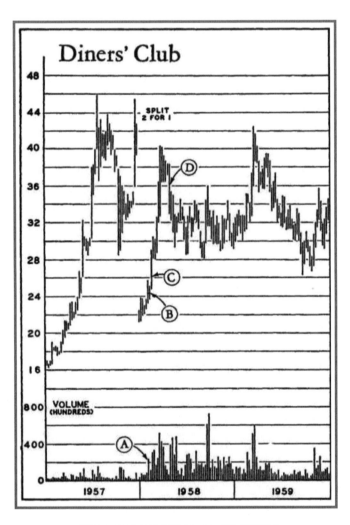

【圖 0-10】DINER'S CLUB 週線圖

節錄自《How I Made $2,000,000 in the Stock Market》2001 年版本

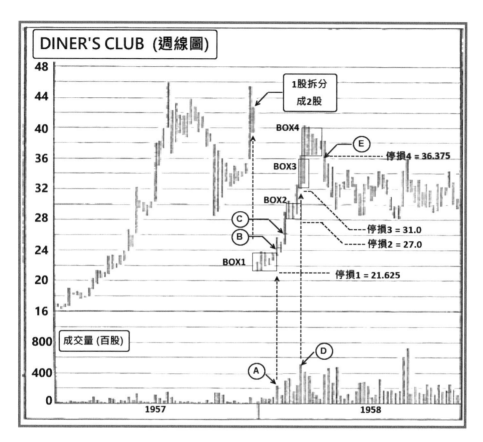

【圖 0-11】DINER'S CLUB 週線圖（為方便解說，重製版本）

(A) 1957 年底，DINER'S CLUB 股票拆分，1 股拆成 2 股。

1958 年 1 月最後 1 週，成交量不尋常地激增至 23,400 股，吸引了達韋斯的注意。（基本面研究顯示，信用卡消費正逐漸被大眾接受，信用卡業務不斷擴張，而系統健全的 DINER'S CLUB 是近乎壟斷的存在；另一方面，公司的盈利也顯示是絕對的向上趨

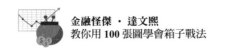

勢。）

B 以 24.5 美元買進 500 股，並設置停損 1 = 21.625 美元（又一次耐人尋味的停損設置，他並沒有設在突破點以下一檔的位置，也就是 BOX1 頂部以下一檔的位置設置停損。）

C 在 26.125 美元又買進 500 股；當價格進入到 BOX2 且箱子成形之後（區間 28 ～ 30 美元），達韋斯更新停損點到停損 2 = 27 美元。（因為同時期的 LORILLARD 股票是獲利的，達韋斯當時應該是有錢有膽，從週線圖上推估，可能是日線圖格局有出現盤整突破，他因而再次在 26.125 美元加碼。當新箱子 BOX2 建立後（底部確立，約 28 美元），他移動停損到底部以下的 27 美元。）

D 走勢完美發展，股價很快進入到 BOX3（區間 32 ～ 36 美元），移動停損也亦步亦趨的調整到停損 3 = 31 美元；之後價格突破 BOX3 時，是股票自 1957 年底拆分之後的最大成交量（52,600 股）（在週線圖中，BOX3 並不顯著，但推測在日線圖中應有盤整現象，讓達韋斯有所以據，並將停損移動到 31 美元。）

E 價格在 BOX4（區間 36.5 ～ 40 美元）狀似失去上漲的企圖，達韋斯擔心股價下挫，將停損提高到停損 4 = 36.375 美元。1958 年 4 月第 4 週，股價跌破箱子底部，達韋斯拋出所有持股，獲利 10,328.05 美元。（半年後，達韋斯才發現，DINER'S CLUB 股票之所以會下跌，是因為美國運通公司建置了新部門，準備在信用卡業務上與 DINER'S CLUB 一較長短，這也正是為何股價在 36 元附近就開始顯得猶豫不前的原因。）

TJ 看圖說故事,請你想一想

　　DINER'S CLUB 這支股票在 1957 年初起股價就成長迅速,但成交量卻並沒有出現同步放大的現象。1957 年 10 月一度跌落至 30 元以下,但在進入 1958 年之前,股價再度攀升至接近前高。在完成股票分割作業後,DINER'S CLUB 的股價就是在歷史高點的價位附近蠢蠢欲動著。**「股價打破先前歷史高點、正落在目前最高的箱子內、新興且擴張中產業、企業盈利正向發展的股票,才會引起達韋斯的興趣」**,DINER'S CLUB 正是這樣一支股票!

　　達韋斯秉持**「價漲、量增、突破箱子頂部買進」**的原則,在 1958 年 1 月底過後才進場,又是一次靜觀其變、有耐心的出手。

　　但是,達韋斯的部分操作,其實有許多讓人摸不著頭緒的地方。我個人認為,一方面是因為週線圖無法重現交易原貌,另一方面則是有著達韋斯個人的主觀判斷。

　　達韋斯於 1971 年再版的書中回覆讀者問題時說過,他自己是個 Mental Chartist,中文翻譯過來的意思是心理技術線圖分析者,他告訴讀者,**他所做的一些交易決策比較靠「感覺」,而非全然依賴冷冰冰的技術性資料。**

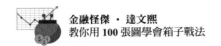
●範例 3：UNIVERSAL CONTROLS（操作時間 1958 年 8 月～ 1959 年 3 月）

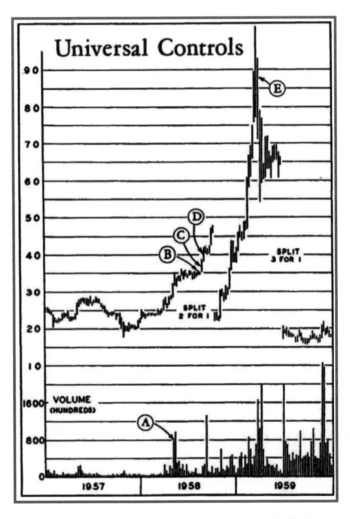

【圖 0-12】UNIVERSAL CONTROLS 週線圖

節錄自《How I Made $2,000,000 in the Stock Market》2001 年版本

【圖 0-13】 UNIVERSAL CONTROLS 週線圖（為方便解說，重製版本）

$\textbf{A}$ 1958 年 7 月，爆出大量且股價上揚進入到 BOX2（區間 32～36 元）。（1957 年中的歷史高價約為 28 美元，BOX2 是突破歷史高價之後的盤整區間，符合達韋斯偏好的選股條件。）

$\textbf{B}$ 1958 年 8 月初，達韋斯相當謹慎的在 35.25 元試單買進 300 股，停損設置在停損 1 = 32.5 美元（注意，此為試單，並非在突破點買進；從週線圖不甚清楚的價格變動走勢看來，

當時價格似乎在 BOX2 一半以上的位置盤整，就如同一個 BOX2 內部高位的小箱子。達韋斯或許在每天的更新價格看見了一個顯著的價格變動，就決定進場小量試單，並且在那個小箱子跌不破的低點 32.5 美元防守著。）

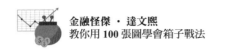 1958 年 8 月中下旬，股價逐漸堅實，他在 36.5 元買了 1,200 股，停損設置在停損 2 = 33 美元。（停損 2 是買進後應設的同步停損掛單，但停損距離有點遠，並非突破點下方一檔價位；但從週線圖觀察，停損 1、停損 2 這 2 次停損的設置點，都約略是走勢前一次轉折低點下方一點點的位置。）

Ⓓ 股價持續走揚，他又在 40 美元價位買進 1,500 股。（達韋斯這次加碼的停損位置，並未具體說明，也沒交代是否設置預掛停損單，或是更新移動停損價格；但先前買進的 300+1,200 股，在 D 點加碼買進時，已經替他賺進 5,461.4 美元。）

Ⓔ 公司改名且股票 1 股拆成 2 股，達韋斯擁有 3,000 股 →6,000 股，他認為目前投入的資金已經達到他可以承擔風險的上限，他決定不再加碼。達韋斯之後忙於操作其他股票，但 UNIVERSAL CONTROL 沒讓他操太多心；1959 年 3 月之後連續 3 週的狂飆，股價飆升至 102 美元。他覺得這家公司有些尚未發生的潛在問題，他將停損移動到最近一天收盤價下方一點點，最後他在 86.525 ～ 89.75 美元之間賣出所有股票，獲利 409,356.48 美元。（達韋斯承認他是真的沒時間管這支股票，因為他一直忙於交易其他股票，所以在週線圖中，並沒有看到他後續的操作。否則，從股票分割後漲到 102 美元的過程中，至少還可以畫出 2 個箱子區間，

達韋斯也該按照紀律的設置移動停損。但或許，在那段達韋斯失心瘋追逐其他股票的期間，他還是有堅守「永遠不要賣掉一支上漲中的股票」這個最最最重要的原則吧。）

TJ 看圖說故事，請你想一想

　　箱子理論就是個相當需要耐心的理論，若要討論這個理論是否違反人性，我絕對點頭稱「是！」

　　但是，達韋斯的工作性質，反倒讓這個考驗人性的策略可行性提高了許多。因為「資訊落後」，他都必須預先掛出買單，同時設置停損單；也因為「沒有資訊的攪擾」，他的這些「超前佈署」就不會動搖。

　　否則，如果他跟大部分散戶一樣，整天就盯著股價、身陷在股海之中，他一定會直接受到市場情緒與消息影響，搞得他也跟著困惑又激動。

　　果不其然，在他賺進 50 萬美元之後，他曾短暫回到華爾街想「更貼近市場」。結果，他將過去 6 年對自己再三勸誡的「警惕教訓」、好不容易培養出來的「超然觀點」全部拋諸腦後，他形容自己「從一隻孤狼變成一隻跟著群體團團轉的羔羊」，別人擔心，他也會恐懼，別人滿懷希望，他也就跟著樂觀起來。

　　就這樣，在那段日子裡，他一共輸掉了 10 萬美元！

　　為了結束這段失控且荒唐的時期，他選擇遠離華爾街，同時也對他的經紀人發出宣告：「沒有他的允許，從此以後禁止主動跟他有任何接觸！」

　　當你有一套經過嚴謹驗證、賺多賠少、能累積長期正報酬的交易系統後，你能否能像達韋斯一樣，在現實生活中建構出你自己的「封閉禁區」，杜絕所有外在的干擾，只專注在自己的策略與判斷嗎？

● 範例 4：THIOKOL CHEMICAL（操作時間 1958 年 7 月～ 1959 年 5 月）

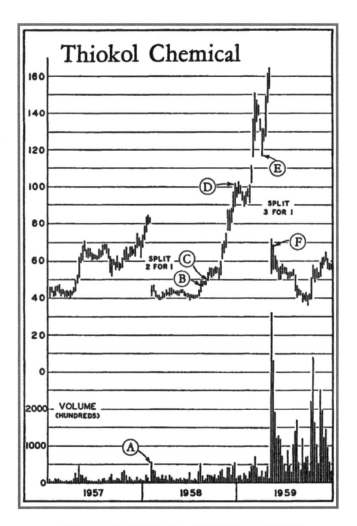

【圖 0-14】THIOKOL CHEMICAL 週線圖

節錄自《How I Made $2,000,000 in the Stock Market》2001 年版本

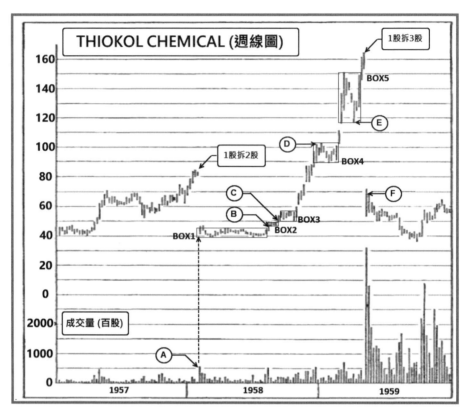

【圖 0-15】THIOKOL CHEMICAL 週線圖（為方便解說，重製版本）

(A) 1958 年初，達韋斯發現在 1 股拆分為 2 股之後，這支股票成交量突然放大，但之後股價安靜地運行在 BOX1 之內（區間 39 ～ 47 美元）好幾個月。

(B) 他開始留意股價，察覺價格似乎在 45 美元之上蠢蠢欲動（靠近 BOX1 頂部），以 47.25 美元買進 200 股（試單）（達韋斯未說明自動到價停損點是多少，買進後股價並未跌回

BOX1，並進入到 BOX2（推估區間為 47 ～ 49.6 美元，BOX2 與
BOX1 呈現堆箱的關係。）

Ⓒ 4 週後，BOX2 內的股價似乎有向 50 美元挺進的意圖，
他覺察價格快要突破站上 50 美元，就在 49.875 美元買
進 1,300 股，停損點設置為 49.5 美元。股價之後漲到 BOX3 之內整
理（區間 52 ～ 56 美元）。（若達韋斯將先前買進的 200 股，也更
新停損點到 49.5 美元，就算這次加碼的 1,300 股最後停損出場在
49.5 美元，達韋斯的整體損失也不超過 50 美元。達韋斯這次的突
破買進策略，在進場點與初始停損點的設置上，看起來有符合他
「買在突破點上一檔」、「守在突破點下一檔」的策略內容。此時
總持股量是 1,500 股。）

Ⓓ 不久之後，達韋斯把握住 THIOKOL 現金增資，對現有
持股人發行認股權的機會，加上他擁有特殊認股帳戶的
貸款資格，巧妙地運用極佳的信用條件，僅花不到 111,000 美元的
現金，把 1,500 股擴張到 6,000 股（價值 350,000 美元）。3 個月
後的 D 點，他的帳面獲利是 250,000 美元。（在 D 點達到 250,000
美元的獲利，他忍住不賣；事實上，按照他的箱子理論，從週線圖
看到的箱子尚未成形，也沒被跌破是不該賣沒錯。）

Ⓔ 由於他始終把移動停損與股價保持一個較遠的距離，因
此沒有在 E 點的短期回檔因為觸及停損而出場。（達韋
斯的操作在 1959 年 1 月之後未再多做描述，為什麼他的移動停損
可以維持一個夠大的距離不被損出？眼睜睜的看著價格攀上 150 美
元卻又跌回 E 點（大約 117 ～ 118 美元），這點滿讓人匪夷所思的。

後來達韋斯有解釋，因為他捨不得放棄 THIOKOL 那獨特的「特殊認股帳戶貸款額度」，所以他刻意用「不曾對待過其他股票的較大停損」，讓自己不被停損出場。但這樣的設置，卻讓他避免了兩次箱子理論紀律的移動停損出場，老實說，他運氣真的不錯！）

（F）1959 年 5 月第一週，股票再次拆分，1 股拆成 3 股，但股價受到群眾追捧（成交量 549,000 股），持續上揚（漲了 13.25 美元）。因為股票交易過熱，紐約交易所暫停這支股票的自動停損單交易，這讓達韋斯有點施展不開。最終，他在 F 點以 68 美元賣掉拆分後的 18,000 股，總獲利 862,000 美元。

●範例 5：TEXAS INSTRUMENTS（操作時間 1959 年 4 月～ 1959 年 7 月）

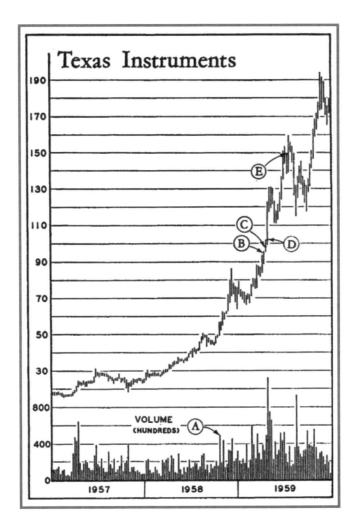

【圖 0-16】TEXAS INSTRUMENTS 週線圖

節錄自《How I Made $2,000,000 in the Stock Market》2001 年版本

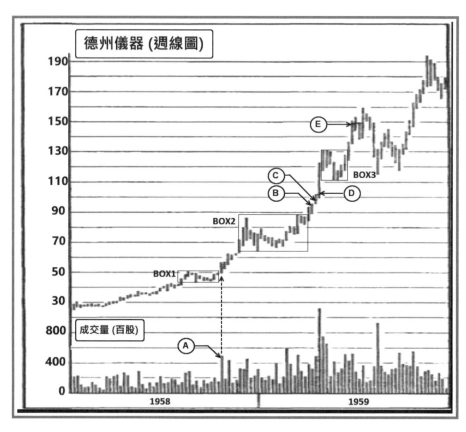

【圖 0-17】TEXAS INSTRUMENTS 週線圖（為方便解說，重製版本）

A 1958 年底，達韋斯握有 50 萬美元想找支活躍的高價股，此時他發現這支股票價格開始上揚，且成交量顯著放大。（仔細觀察，突破 2 個多月的盤整 BOX1（區間推估 42～50 美元）。）

B 除了 1958 年底的回檔修正，德州儀器這支股票，一直維持穩健的上漲。1959 年 4 月第 2 週，以 94.375 美元

買進了 2,000 股。（由於賣出 UNIVERSAL CONTROLS 獲利 40 萬美元，達韋斯手上有的是現金，這次買進德州儀器，直接砸下 2,000 股，約 19 萬美金；書中沒有提到停損的位置。）

Ⓒ 1959 年 4 月第 3 週，再以 97.875 美元買進了 1,500 股。

Ⓓ 幾天內，他又在 101.875 美元買進了最後的 2,000 股。
（C、D 兩點的加碼，是達韋斯主觀加碼，只因為「這支股票維持良好的走勢」；書中沒有交代是否設置新的移動停損點。）

Ⓔ 1959/7/6，達韋斯因為即將啟程前往歐洲工作，將停損點設置在當天收盤價 149.5 美元，以確保他累計已賺到的 200 萬美元資產，受到穩妥的保護。（E 點的停損非策略內容，純粹只是達韋斯即將出差，途中無法下達交易指令，他乾脆就用出差前最後一個交易日收盤價作為防守點。）

● **範例 6：FAIRCHILD CAMERA（操作時間 1959 年 7 月～不明）**

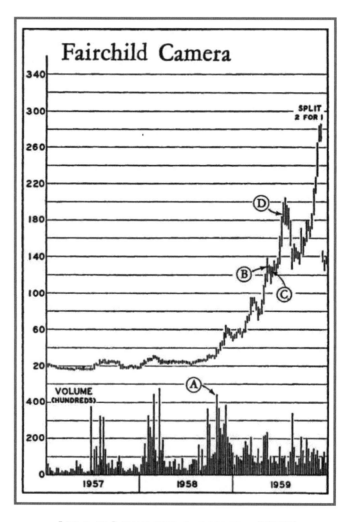

【圖 0-18】FAIRCHILD CAMERA 週線圖

節錄自《How I Made $2,000,000 in the Stock Market》2001 年版本

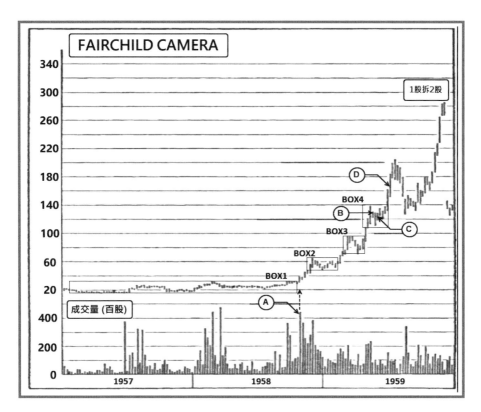

【圖 0-19】FAIRCHILD CAMERA 週線圖（為方便解說，重製版本）

(A) 早在 1958 年底，當時 FAIRCHILD CAMERA 股價就出現連續上漲，並伴隨急遽放量，達韋斯開始注意到這支股票。

(B) 1959 年 5 月中旬，賣掉 THIOKOL 後，達韋斯握有近 100 萬美元資金，想要從 4 支觀察已久的股票中，汰弱除強，所以他試單 500 股，在 128 美元買進，此價格位於 BOX4（區間 110 ～ 140 美元）之內，停損設定在 BOX4 箱底下方一點點的位

置（因為達韋斯需要同時買進 4 支股票以比較強弱，FAIRCHILD CAMERA 試單的位置是恰巧就被買在箱子 BOX4 內部，原本 4 支股票的停損統一設定在買進價格以下 10% 位置，因為他相信這麼做遲早會把比較弱的股票給淘汰出局，之後他再把資金挪動到最強的兩支。但達韋斯顯然給了更多的停損距離給 FAIRCHILD CAMERA，否則 C 點之前的那波回檔就已經觸發停損出場，達韋斯給 FAIRCHILD 的停損空間推估是 15% 左右。）

(C) B 點的初始停損設置，避過了買進 2 週後最低跌至 110.25 美元的回檔。在 C 點確認股價重新建立起向上的漲勢，他加碼了 4,000 股，買進價格落在 123.25 ～ 127 美元之間。（「確認股價重新建立起向上的漲勢」又是一次他主觀的加碼舉動，在週線圖中我們僅能看出，股價從接近 140 美元的高點回檔最低來到 110 美元就反折向上，是否有其他線索讓達韋斯判定 BOX4 底部有支撐，出現箱底反彈向上的趨勢而做出買進決策，我們無從得知。）

(D) 達韋斯最後賣出持股的價位不明，但在原著第一版截稿之前，股價是位於 D 點的 185 美元。

TJ 看圖說故事，請你想一想

1960 年幫達韋斯出書的出版社，如果沒有在書的附錄中提供個股週線圖給讀者回顧，光是看達韋斯所提供的的價格數字，讀者應該沒辦法理解他所謂的「箱子理論」是怎麼一回事吧？

撇開這些因為年代久遠所帶來的限制與隔閡，我還是相當推崇達韋斯個人與他的箱子理論。舉例來說，選股的哲學，他用賽馬解釋為什麼要選擇「已經超越前高」的股票，真是再精闢不過！是啊，為什麼要去指望一支明明就是落後歷史高點一大段的標的，只因為它過去曾是股王股后？現階段它的股價連過去的四分之一都不到，何以證明能東山再起？

一支強勢的股票總要先讓我看到它「超越巔峰」，才能說服我有買進的理由吧？一支都能谷底翻身甚至不斷再創新高的股票，為什麼散戶就要去猜忌它已經漲很多了、隨時可能要跌？相較於那些弱於大盤、還在歷史高價以下打混摸魚的股票，這些表現突出的股票不是更應該獲得你我的青睞？

我衷心建議讀者們，可以運用賽馬場的譬喻搭配箱子理論去檢視 1,700 檔台股，對你的選股思維一定會有很大的修正。

除了選股與進場點之外，最讓散戶困擾的就是「如何獲利出場」。我身邊大部分散戶朋友獲利出場的理由，往往都是「自我安慰，有賺就好」，或是「自己嚇自己，害怕贏來的錢虧回去，趕緊賣一賣」，出場的決策多半是憑藉感覺與情緒在判斷。

常言道「當進場的理由消失，就是該出場的時候」，達韋斯的邏輯也正是如此，既然他的進場理由是「看著箱子往上堆疊出來的金字塔而買」，那他的出場必然就是「等到箱子從金字塔頂端崩落才賣」。

當股價在最上方的箱子中反覆震盪，他絕不會去預測高點在哪，因為他也無從預測；股價會不會突然下跌讓他措手不及？他也不擔心，因為他早已將移動停損設置在箱子底部之下一檔等著。

這種「給股價空間發揮，噴出就是賺到，跌破只是剛好」，把出場時機交給市場解答，真的是非常健康的持股心態。

達韋斯的停損策略相當容易理解也值得仿效，而且是從容不迫的。但前提是，你得有那份耐心與信心抱著股票去到金字塔的頂端，以及沒有要賣在最高點的貪婪念頭，你才會有機會看到更高的風景，並且感受到持有股票的泰然無懼。

達韋斯在書中大賺 200 萬美元的經典案例，並不是每支個股都適合當作箱子理論的教材。就如同達韋斯自己所說的，他是心理技術線圖分析者，有許多操作還是保有他的主觀判斷在內；此外，隨著他賺的錢越來越多，他的停損空間也越來越敢冒險，並不完全照他自己所講的「買進後，自動停損在突破點下一檔」那麼有紀律。

「盤感」是一個交易者最難被學習與被複製的部分，對於散戶而言，這部份完全只能靠個人努力，花時間多看多學，甚至也必須在市場繳些學費，才可能累積出屬於自己的解讀、判斷能力。所以，我還是希望讀者可以盡可能去學習他的紀律、耐心，千萬別看到他幾次主觀加碼大賺其財的經驗，而覺得自己一定也可以，那可就大

錯特錯了。如同芭蕾舞者得先蹲再跳，請各位讀者也要常常這樣提醒自己！

　　本書一開始就花了近三分之一的頁數，介紹箱子理論的發明背景與蘊含的觀念，主要目的是做為「引子」，提起讀者學習箱子理論的興趣。接下來的內容，會將達文熙老師縱橫台股多年的交易經驗，揉合箱子理論的精義，從組合 K 線反轉型態、價量關係，去解釋達韋斯在 1961 年的著述中沒能清楚演繹的操作細節，就請各位繼續津津有味地看下去吧！

Part 1
【K線解析】

K線解析是最基礎的「技術分析」，但是一樣是紅K，裡面裝的是辣油還是果汁？一樣是黑K，裡面裝的是醬油還是可樂？K線究竟該怎麼看呢？

1-1

K 線的組成與定義

一根 K 線的顏色、結構，如下圖所示：

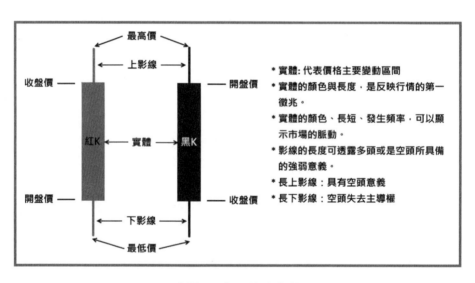

* 實體: 代表價格主要變動區間
* 實體的顏色與長度，是反映行情的第一徵兆。
* 實體的顏色、長短、發生頻率，可以顯示市場的脈動。
* 影線的長度可透露多頭或是空頭所具備的強弱意義。
* 長上影線：具有空頭意義
* 長下影線：空頭失去主導權

【圖 1-1】K 線的定義

◎ K 線實體

　　K 線實體的顏色與長度，是反映行情的第一個徵兆。其中，實體部分代表價格的主要變動區域；以長紅 K 線為例，代表在該交易時段內價格的上漲幾乎沒有受到空方的打壓。此外，若收盤價越接近高價，**實體長度越長，線型代表的意義越重大**。

◎ K 線顏色

　　紅 K 的紅色，它的繪製邏輯是**只要今天收盤價 > 今天開盤價就是紅 K**，並不是今天收盤價 > 昨天收盤價才算是紅 K，這個一定要釐清。如果今天開低之後往上拉，儘管最後還是低於昨日的收盤價，按照繪製邏輯還是會畫成紅 K。

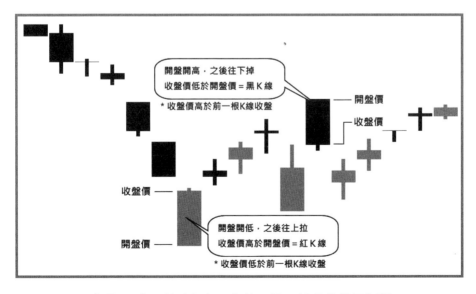

【圖 1-2】K 線的顏色，與前一根 K 線的收盤價無關

反過來說，黑 K 就代表今天開盤之後是下跌的，但不代表跟昨日收盤價相比是下跌，也有可能開盤價很高，當天卻往下走，就算收盤還高過於昨日最高價，但是繪製成黑 K。

◎ K 線的影線

上影線的頂端代表當日最高價，下影線的底端代表當日最低價。在 K 線的線型中，雖然實體部分比較重要，但影線的長短可以透露出多頭或空頭背後的強弱意義，長上影線是走高之後被賣壓反制下來，具有空頭意義；長下影線則是低接有買盤的力道，使得空頭失去了主導權，代表走勢有可能要反彈的企圖。

◎ K 線的價格資料取樣頻率

K 線適用於各種時間架構，可以是 1 分鐘 K 線、5 分鐘 K 線、15 分鐘 K 線，甚至是日 K 線、週 K 線，都可以隨心所欲設定。

◎ K 線內部的價格走勢，也具有很大的意義

K 線的內部組成也很重要，例如週 K 線展開，是由日 K 線組成，而每個日 K 線的價格變化又具備不同的意義。同理，日 K 線可以再往下展開，更小的 K 線時區又會有更細微的呈現。

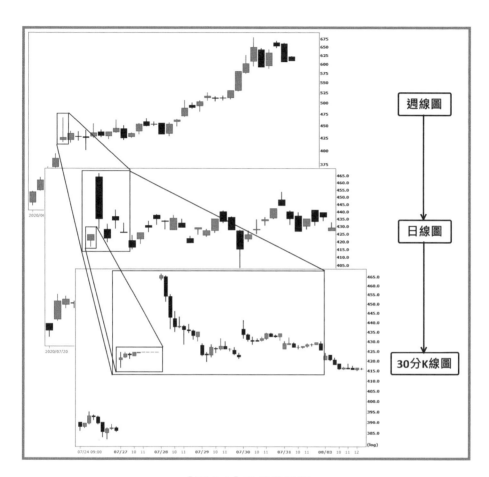

【圖 1-3】K 線的展開

1-2

K 線的形式與出現位置 代表的關鍵意義

K 線的形式與出現的位置，兩者必須同時考量，才能顯示出 K 線存在的意義以及對走勢的影響。以下會以圖文說明方式，個別介紹幾個關鍵的 K 線形式。這是進到本書核心策略「箱子戰法」之前，必須有的基礎功夫，請讀者務必細心研究、理解。

◎ 1-2-1 長紅 K 線

當長紅 K 線出現在「低價區」，有以下幾個重點意義：

● 可能是顯示趨勢發生反轉的早期徵兆
● 可能是底部形成的訊號，代表該時段股價上漲未受空頭打壓
● 收盤價越接近最高價越好（上影線短，最好幾乎沒上影線）
● 紅色實體長度越長越好

以圖 1-4 為例，好幾天的連續黑 K 使得價格一路下探，跌幅達

到了約 13%，此時出現了一根長紅線，將價格拉起，這「可能」就是一個底部的訊號。

而且，由於價格已經來到低檔，市場上開始出現低接買盤（有人認為已經是底部，選擇進場做多），以及空頭回補（之前做空的人，在此獲利了結平倉買回），這兩股買氣會將收盤價往上推升。

紅 K 線實體的長度越長，且收盤價越接近整根 K 線的最高價越好（沒有上影線更好，代表價格收在最高），代表這個交易時段內，價格的上漲幾乎沒有受到空方的打壓。

圖 1-4 中，K 線 A 是以跳空開低，從最低價開盤且未再跌深（沒有下影線），最後幾乎以最高價收盤（上影線相當短、幾乎沒有），長紅 K 線 A 的形式顯示出當日價格想從谷底往上爬的決心。接下來幾天拉起一小波上漲後，價格出現回檔，但很快的一根長紅 K 線 B 來到，由於 A、B 都是出現在 29 元附近，代表 29 元是一個有力的支撐區。

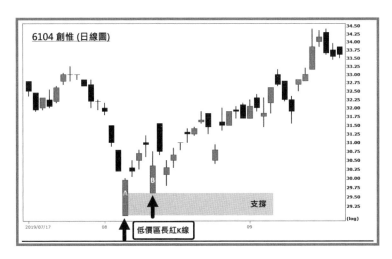

【圖 1-4】長紅 K 出現在低價區

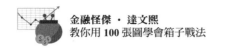

以長紅 K 線確認「下檔支撐」

長紅 K 線由下檔支撐區向上反彈，可確認下檔確實有支撐力量，也代表多頭轉守為攻。如果長紅 K 線反彈位置，又是趨勢線、移動平均線等重要支撐，即可確認支撐的有效性。

5443 均豪，價格從 9 月中的 23 元一路往下走到 20 元附近，並陷入整理（大約跌了 13%），接著我們將跌不破的最低價連線，可以畫出下檔的支撐區。

11/13，長紅 K 線以最低價開盤（沒有下影線），並以最高價收盤（沒有上影線），這是一個強勁的反彈，也顯示多方在支撐區的強烈買進意圖。

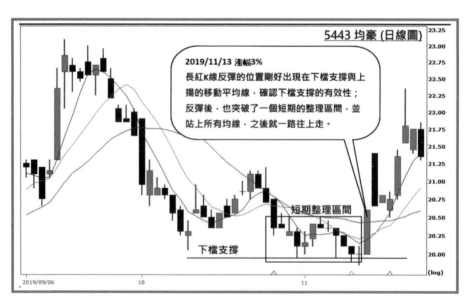

【圖 1-5】長紅 K 確認「下檔支撐」

以長紅 K 線突破「上檔壓力」

3661 世芯 -KY，過去一段時間的最高價 246 元發生於 2020 年 3 月第一週，之後走勢再也沒能挑戰這個價位。2020 年 4 月下旬，246 這個前高遭遇幾次挑戰，但收盤價依舊都沒能突破站上，最高就是停在 245 元。

直到 2020/4/27 漲幅 5.60% 長紅 K 線突破了 245 ～ 246 元這個壓力區間。雖然它留有長上影線是美中不足的部分，但值得留意的是，這根長紅線開盤在最低價附近，且實體長度比先前幾天的線形都還要更長，顯示它是有明顯意圖的長紅線。

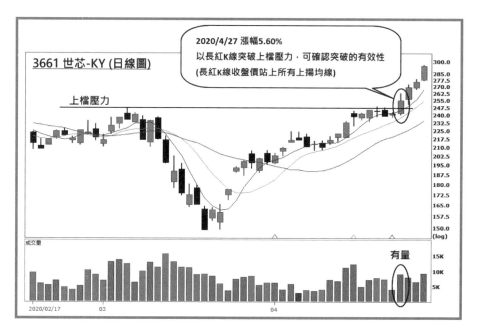

【圖 1-6】長紅 K 線突破「上檔壓力」

　　3533 嘉澤，將高點連線之後可以畫出一條往下的趨勢線。價格一路走跌直到 2020/8/24，出現一根長紅 K 突破了這條下降趨勢線所代表的上檔壓力，之後也確實走出了一段上漲行情。

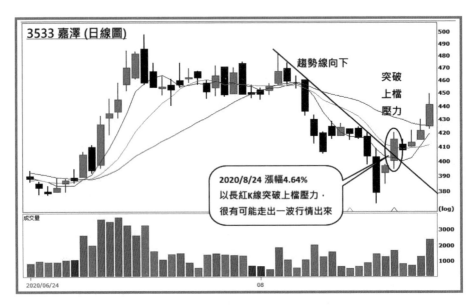

【圖 1-7】長紅 K 線突破「趨勢線壓力」

長紅 K 線對之後的走勢有「支撐效用」

　　3533 嘉澤，2020/5/14 出現了一根突破短期盤整區的帶量長紅 K 線 A，之後價格上行；但股票不會一直漲個不停，短期內上升太快的趨勢總會需要稍微拉回整理，紓解短期買超的情況。當行情跌至 2020/6/12 出現一根開盤在最低價的長紅 K 線 B，它的最低價並沒有跌破 A 的實體底部（開盤價），也就是說，回檔得到了支撐。

　　同樣的，長紅 K 線 B 之後的回檔，在長紅 K 線 B 的實體底部也得到了支撐。這代表什麼？這 2 根長紅線都是支撐，之後的行情一路上揚，最終上漲了 100 多元，漲幅達到將近 30%。

　　總括來說，長紅 K 線對後續行情的發展，有以下的意義：

- 上升趨勢的拉回，可在實體中點或實體底部獲得支撐
- 在下跌趨勢中，長紅 K 線也同樣有支撐的功能

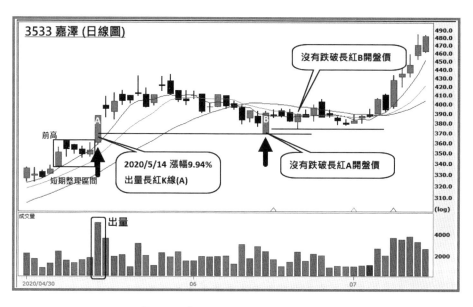

【圖 1-8】長紅 K 線具有支撐效果

◎ 1-2-2 長黑 K 線

行情發展總有一體兩面，低價區的長紅 K 線代表底部訊號；同理，當長黑 K 線出現在高價區，當天價格巨幅波動，收盤價遠低於開盤價是跌勢的訊號。

如果長黑 K 的實體越長，跌勢越慘烈；若沒有下影線，更是代表價格走弱，收在最低價。有空頭意義的長黑線，它的實體必須長過先前的數根 K 線，表示空頭已經獲得控制權。

此外，若先前的漲幅越大，表示上升過程的超買越多，這時出現的長黑線，空方的意義與打壓效果更顯著。

當長黑 K 線出現在「高價區」

從上檔壓力區壓回的長黑 K 線，可確認上檔壓力的有效性。4551 智伸科，從 142 元漲到了近 200 元，漲幅達到 45%，但為什麼漲勢會在 200 元左右的位置嘎然而止，失去了力道並開始下跌？

首先，是因為獲利了結的賣壓出現。從 142 起漲到 200 元，這一路上進場做多的主力、散戶通通都賺錢，且又正好來到一個「200 元整數關卡」，大家開始賣出手中的股票，也導致後續價格一路下挫。

長黑 K 線 B 開盤跳空並且走高，但卻留下一個上影線，且最後收在相對低的位置（下影線短），它的實體價格變化區間整個包覆住長紅 K 線 A 的實體，這一個 K 線組合是一種吞噬型態，我習慣稱之為「外含線」。當這種 K 線組合出現，後續價格走勢「很

有可能」會跟著後面的那一根 K 線走。（吞噬型態介紹，詳見章節 2-1-1）

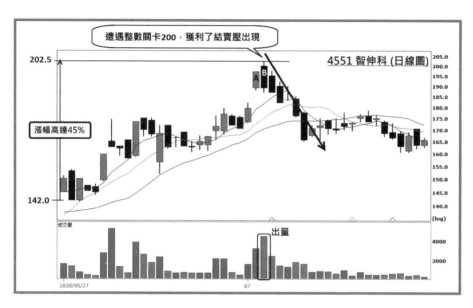

【圖 1-9】長黑 K 出現在高價區

長黑 K 線可確認「上檔壓力」

當一根長黑線從上檔的壓力區拉回時，它就證明了壓力的有效性，代表多頭已經無力，空頭轉守為攻。智邦 2345，長黑 K 線 A 的實體包住了前面的紡錘線、甚至是再往前面的一根紅 K 線，而且 A 的實體是近幾日最長的。

A 的出現開啟之後的下跌走勢，雖有出現回彈，卻在 250 元附近被壓回。2020/8/6 的長黑 K 線 B，再次以開盤跳空走高的方式

挑戰 250 元這個價位，可是當日的走勢卻是一路被打壓並收在最低（幾乎沒有下影線）。屢攻不破的 250 元位置有明顯壓力，可以從高點連線的趨勢線辨識。2020/8/25 又出現了一根長黑 K 線 C，又再次驗證了前高連線是上檔壓力區。

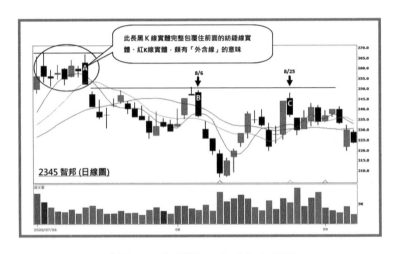

【圖 1-10】長黑 K 出現在高價區

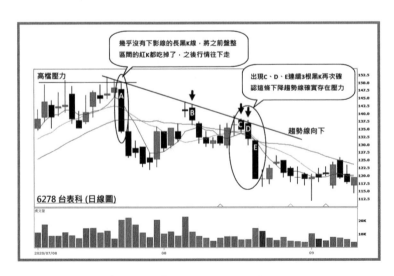

【圖 1-11】長黑 K 出現在高價區

　　台表科 6278，150 元價位有明顯的壓力，可以從高點連線的水平趨勢線看出來。2020/7/24 從高檔壓力區壓回的長黑 K 線 A，雖不是標準的外含線，但它的實體長度幾乎覆蓋了近期所有的紅 K 實體，且幾乎沒有下影線，這是很強烈的一個警訊。

　　之後行情繼續往下，但總會發生回彈，第一次回彈在長黑 K 線 B 被壓下，將 A、B 高點連線得到了一個下降的趨勢線。價格再次下行但同樣有回彈，但連續 3 根長黑 K 線 C、D、E，可以確認空頭已經主導了盤勢。

以長黑 K 線跌破「下檔支撐」，有較高機率可視為有效的突破

　　下圖是 2020 年表現強勁的圓展 3669，它的漲勢一路往上，若將上漲過程的低點連線可以得到一條上升的趨勢線。2020/9/7 高檔出現的長黑 K 線 B 跌破了上升趨勢線，它的實體長度是近期最長且它與 A 的組合關係是「外含線」，這暗示著之後的走勢很有可能會跟著 B 的方向前進。

　　隔天，又出現一個長黑 K 線 C，若把 B 當成第一個警訊，那跌破近期波段低點畫出的水平支撐線之下的長黑 K 線 C，就等於徹底讓趨勢出現了改變。

　　要提醒大家的是，**長黑 K 線跌破支撐的意義，比小黑 K 或是小紅 K 的跌破更為嚴重**。

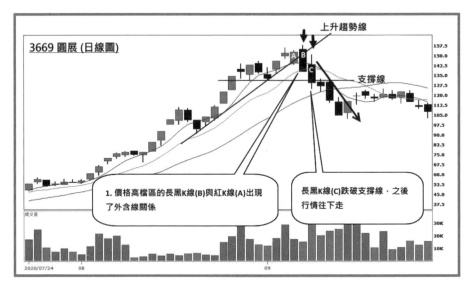

【圖 1-12】長黑 K 跌破下檔支撐

◎ 1-2-3 紡錘線

當紡錘線出現在「高價區」

前面講述的是實體長度較長的「長紅 K 線」與「長黑 K 線」，各自代表多頭與空頭的勢力強度，但如果是實體很小的 K 線呢？

實體很小的 K 線，代表多空雙方呈現拉鋸，供需的狀況大致均衡，盤勢沒有一個明確的上升或是下降力量，市場正在喪失動能，有種停下來歇息的意味。

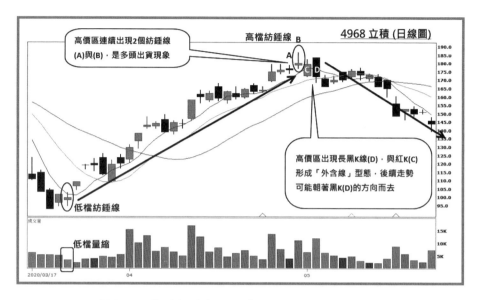

【圖 1-13】紡錘線出現在「高價區」，是出貨訊號

以立積 4968 舉例，紡錘線 A、B 發生在高價區，帶有以下的意涵：

- 代表急漲過後，多頭後繼乏力
- 如果成交量放大，代表多空在此處交戰，價格不動，賣方籌碼轉給別人承接，且賣方籌碼足夠供應給買方
- 可以視為是一個「出貨」的訊號，是頭部的訊號

紡錘線出現在「價格低檔區」

解讀世芯 -KY 3661，出現在低價區的紡錘線有以下的意涵：

● 如果成交量放大，價格停滯（說明：空方買盤不可能一下子
讓價格被拉上去，會採取慢慢回補的方式，才會有價格不變
但成交量不小的紡錘線現象）

● 空方一路投入火力放空，但已經出現乏力；籌碼為多方承接，
空方認輸出場，是一個底部「承接」的訊號

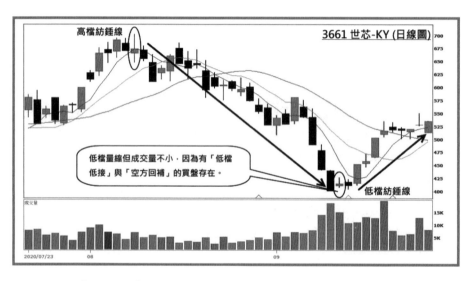

【圖 1-14】紡錘線出現在「價格低檔區」，是承接訊號

◎ 1-2-4 十字線

出現在頭部的「十字線」

在交易時段內的開盤價與收盤價幾乎相等，所以十字線的實體
幾乎只是水平狀的一條直線，此形式的 K 線反映出「多空力量不

相上下」，如果發生的位置在價格高檔區，可能是「變盤」的訊號。

十字線雖然可以被解讀成多空力量趨於一致，但很有可能僅是一個過渡的訊號，原本的趨勢還是可能重新奪回主控權，所以當十字線出現的時候，建議要等待 1 ～ 2 個交易週期觀察行情走向，舉例來說，若是日線，那就要多看 1 ～ 2 天的 K 線。

蜻蜓十字線

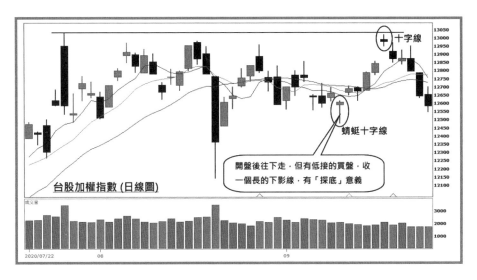

【圖 1-15】蜻蜓十字線出現在「價格低檔區」

蜻蜓十字線，用外型去想像，就是一個實體小、幾乎沒有上影線，卻有比較長的下影線，又稱「探底」。如果是在下降趨勢末端出現，顯示有低階的買盤將探底的價格又重新拉回，所以具有偏多的意義。

墓碑十字線

一樣是開盤、收盤價格相近，實體小，但與蜻蜓十字線相反的是，它幾乎沒有下影線，只有較長的上影線。若墓碑十字線出現在上升趨勢末段，就可能是一個頭部反轉訊號，代表多方勢力逐漸消弭。

圖 2327 國巨，2020/5/5 跳空開高也走高，但收盤卻是收在最低點的墓碑十字線，這是一個頭部反轉的訊號，但千萬不可見獵心喜，**一樣還是要觀察 1 ～ 2 個交易日。**

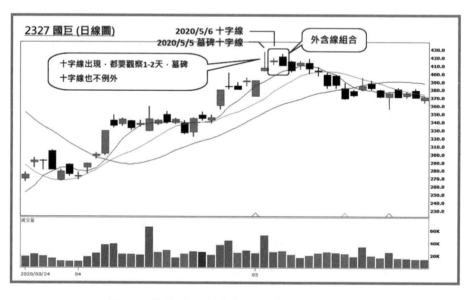

【圖 1-16】墓碑十字線出現在「高檔區」（一）

隔天 5/6，是一根跳空開高、多空拉鋸的十字線，但接著再隔一天 5/7，卻出現了一個外含線組合。顯然，在看到這根長黑 K 出

現之後，才可以有較大的信心去判斷走勢很有可能下行。

再以南電 8046 為例，高檔區出現了墓碑十字，也是要再觀察 2 日後連續出現兩根下跌的長黑 K 才能去斷定，有開始下跌的可能。

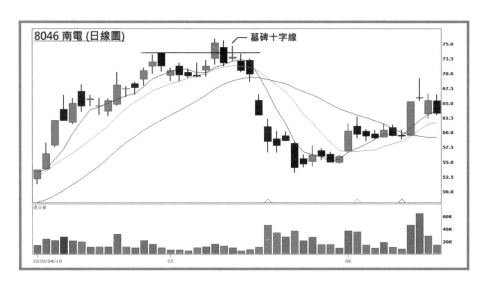

【圖 1-17】墓碑十字線出現在「高檔區」（二）

「十字線」判讀的注意事項

- **行情盤整時，若出現十字線沒有特殊意義**
- 十字線的重要性與出現頻率呈反向關係；若經常出現，重要性減弱
- 在大幅漲勢 / 跌勢之後，可能代表頭部 / 底部
- 關鍵時刻，配合其他指標（均線、價量關係等等），則是重要警訊

- 十字線出現在頭部或底部，可形成有效的壓力或支撐
- 十字線出現，需等待 1 ～ 2 日觀察行情走向。交易風格越保守，越要等待明確的訊號

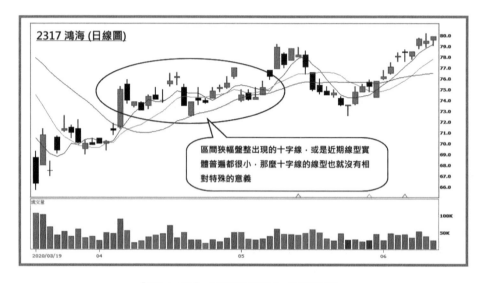

【圖 1-18】十字線出現在「盤整區」

阿老大會客室

達文熙問：關於 K 線的教學，阿老大您是否還有額外的內容想跟讀者補充？

 ## K 線的教學，來自阿魯米老師的回應

對於單一 K 線，我們該判讀的不只是它的顏色、長度，更重要的重點是它的「位階」到底在哪裡，究竟是剛啟動的長紅 K，還是漲勢末段的長紅 K？兩者的意義並不一樣。

所以，最好的判讀步驟是：第一步，先從整張走勢圖，去觀察單一 K 線的位階；接下來第二步，就是要去探究價格的走勢結構是不是很穩定。

例如一個連跌 3 天的連續下跌走勢，突然卻來了一根大紅 K，從 4 根 K 線的結構，可以看出它是反彈；但如果只是單單看一根紅 K，我們無法看出它有反彈的意義。

總之，觀察 K 線所處的位階、多看幾根 K 線，才能正確理解 K 線所呈現的意義。

達文熙問：日線層級的操作都是以做波段為主，那交易策略的訊號就是針對每一根日 K 線去做觀察。如果是這樣，我們是否可以不去管日 K 線內部的價格震盪？

 ## 阿魯米老師的回應

若是在日線圖去觀察單一 K 線，例如長紅 K 線、紡錘線、槌子、避雷針這一類型的 K 線，雖然看起來就這麼一根，但如果用一個放大鏡進一步去探究，其實都是由「分時走勢」壓縮而來。

也就是說，在日線圖中看到的幾根長紅 K，外觀看起來都一樣，但內部的組成卻是大不相同。某個長紅 K 的內部分時走勢可能是「上去拉回、上去又拉回，最後卻收在最高點」，但也有可能另一個長紅 K 是「開盤後價格急拉，之後就停在高檔沒再下來過」。所以，如果我們都只看壓縮後的單一 K 棒，很容易無法看到它真正的完整樣貌。

就好比外觀看起來都是黑黑一瓶，但裡面到底是可樂還是醬油？不一樣的內容所代表的強弱度不一樣，所以一定要區分清楚。

比方說，最強勢的走法，是開盤一個小時內就直攻最高點鎖漲停。但如果盤中是來來回回、甩來甩去，不斷呈現多空交戰拉鋸，直到尾盤收在相對高點，就不算是最強勢的走法。（參考圖 1-19 所標註的兩個日期的日線圖，以及各自對應展開的 5 分 K。）

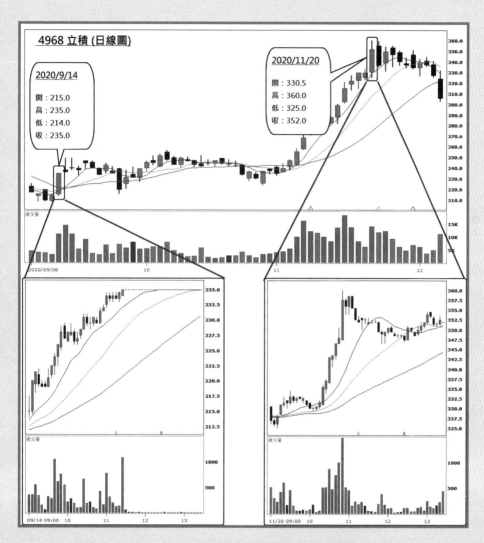

【圖 1-19】K 線所處的位階與內部組成

PART 2
【組合 K 線的線索】

K 線分析絕對不可能單看一根 K 線就足夠,將多根 K 線組合在一起看,再配合其他的指標,例如成交量、均線,對 K 線的解讀會更加清晰

2-1

組合 K 線與反轉型態

K 線型態，可以是單一或由數根 K 線組合而成，但很少超過 5 根。一般來說，我大概就是用 3 ～ 4 根 K 線所構成的型態去推斷行情的反轉可能。

大部分的 K 線型態都存在相反的對應關係，K 線圖中有「多頭反轉型態」，自然也有類似、但反其道而行的「空頭反轉型態」。

組合 K 線所透露的多頭、空頭含意，只與之後持續發展的價格行為有關係，與之前的價格行為無關。舉例來說，盤整之後價格被拉起來，我會去關注的部分，就只有價格反轉向上走的型態，我不會再去看盤整的部分；先前的價格走勢（盤整部分），只能協助我們去決定「眼前所看到，當下這個時間點」組合 K 線的型態是什麼，帶有什麼意涵，但沒能力 100% 去預測未來價格走勢。

千萬千萬不要忘記，市場永遠不能被預測。**趨勢反轉的訊號，是根據過去的交易經驗告訴我們「有較高的機率」發生變化，並不保證 100% 一定會反轉**。本書中講述的多半都是成功的範例，但真實的交易世界裡，還是存在失敗的可能性。

　　此外，趨勢的反轉，並不會是立刻的反轉，而是會分成幾個階段、緩慢地推進，也會隨著市場的根本心理而變動。

　　反轉型態，應該被視為「趨勢開始產生變化的型態」，就只有在訊號的方向跟主要趨勢一致的時候，才可以根據反轉訊號去建立新的部位。但是，我們該如何確認「反轉訊號的方向跟主要趨勢一致」？

　　其實不難，就是要「再多等下一根 K 線」！這個動作非常重要！如同我前面說的，我一般是用 3 ～ 4 根 K 線所構成的型態去判斷行情反轉的可能性，透過「再多看一根 K 線」幫助我確認價格發展是否跟趨勢一致。

　　在本章節，我將介紹幾個我認為比較重要的反轉型態 K 線組合，請讀者務必看懂、學會，並多找 K 線圖進行比對並練習判讀，將有助於理解箱子戰法的突破進場、反彈買進等交易方式，以及如何設定移動停損（跌破賣出）。

◎ 2-1-1 吞噬型態

　　吞噬型態，我比較習慣稱之為「外含線」，顧名思義，就是外面的 K 線，吃掉裡面的 K 線。

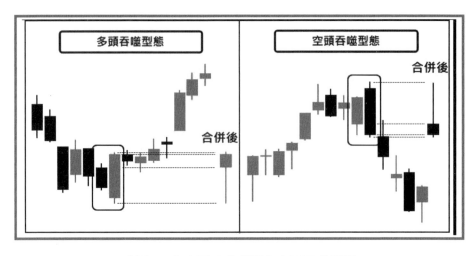

【圖2-1】多頭吞噬型態與空頭吞噬型態

幾個要留意的重點：

- 第 1 根 K 線的顏色要反映原來趨勢。也就是說，下降趨勢中
  的吞噬型態，第一根 K 線必須是收黑 K，反映出之前到現在
  為止的趨勢

- 第 2 根實體顏色必須與第一根相反，代表相反的趨勢（如果
  第一根 K 線的形式是實體很小的 K 線或是十字線，則 2 根 K
  線的顏色不須相反）

- 第 2 根 K 線實體必須完整吞噬第一根的實體（注意，2 根 K
  線皆不納入影線部分）

- 是強烈的反轉型態，但務必配合當下的位階（漲幅、高 / 低
  價區）及成交量一起評估。例如，一個發生在支撐區的多頭
  吞噬，會是比較有效的底部反轉訊號

● 若吞噬型態的 2 根 K 棒實體長度相當，可能僅是陷入整理，而沒有反轉的傾向

圖 2-2 的 6415 矽利 -KY，在低價區被圈起來的 2 根 K 線正是屬於「多頭吞噬」型態，第 2 根紅 K 的實體必須包住、吃掉第一根黑 K 的實體，行情反轉向上。

相反的，在上升走勢中出現的「空頭吞噬」，如圖 2-2 中最右邊的外含線組合，則是以黑 K 線實體包覆紅 K 線實體的形式出現，後續趨勢轉而往下。

另一個範例圖 2-3 的 3533 嘉澤，一樣是發生在低價區、又帶量的「多頭吞噬」，是很有效力的底部反轉訊號。

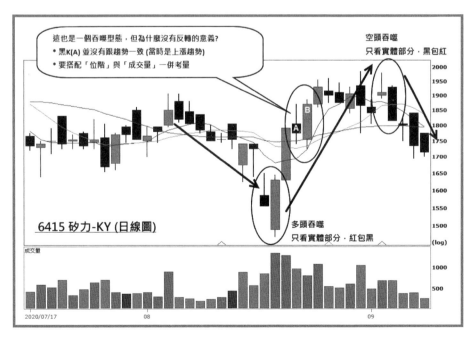

【圖 2-2】吞噬型態範例（6415 矽利 – KY）

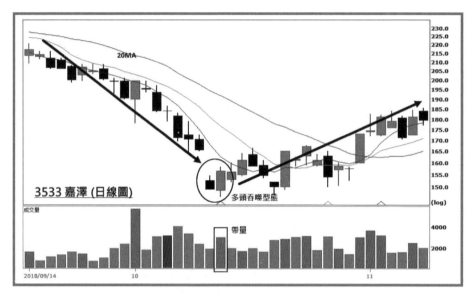

【圖 2-3】多頭吞噬型態範例 –3533 嘉澤

◎ 2-1-2 烏雲罩頂

「烏雲罩頂」是多頭反轉型態，多半發生於上升趨勢的頂點或盤頭走勢，由 2 根 K 線組成的反轉型態，第一根為長紅 K 線，第 2 根 K 線開盤價高於第一根的最高價，收盤價會在相對低點（最好沒有下影線），且深入第一根長紅線的實體一半以上。

如果將 2 根線型結合，可得到「留下長上影線，上檔賣壓遠大於買盤力道」，近似墓碑線形式（紡錘線的一種）。

第 2 根黑 K 若沒有上下影線，多頭反轉意義更明確；因為這代表「開盤開在最高，收盤收在最低」，在這樣的黑 K 線之後往

往都還有低點！若又是發生在持續一段時間漲勢的高檔紅 K 之後，就很有可能出現反轉。

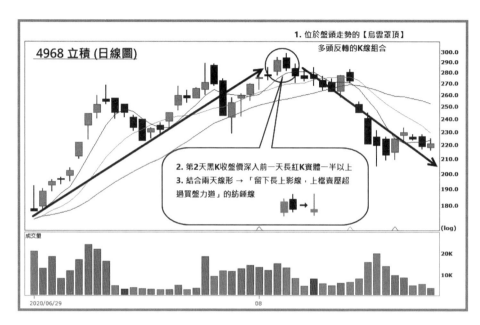

【圖 2-4】「烏雲罩頂」範例 – 4968 立積

◎ 2-1-3 貫穿型態

　　「貫穿型態」多半發生於下跌趨勢的末端，是由 2 根 K 線組成的反轉型態。第一根為長黑 K 線，第 2 根開盤價低於第 1 根的最低價，收盤價會在相對高點（最好沒有上影線），且深入第 1 根黑 K 線的實體一半以上；貫穿程度越深，底部反轉的可能性越高。

　　若發生在下跌走勢的末端，且第 2 根長紅 K 的成交量若放大，

可增加其有效性；若第 3 根又出現一根長黑 K，收盤價又低於長紅 K 的最低價，則行情會持續走跌。

貫穿型態若發生在趨勢中途，則可能盤整後恢復原來走勢。

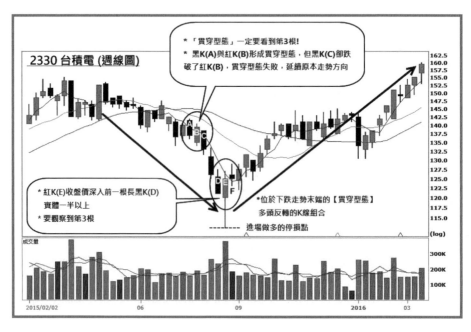

【圖 2-5】貫穿型態範例－ 2330 台積電

◎ 2-1-4 黑三兵與紅三兵

黑三兵

- 出現在高價區或漲勢末端，預示價格走低，行情走弱前兆

- 3 根黑 K 收盤價應在當天最低點附近（下影線短）
- 3 根黑 K 開盤價一根比一根低

紅三兵

- 是 3 根收盤價不斷墊高的紅 K 所組成，發生在低價區或盤整走勢後，代表後勢看漲
- 是緩步走堅格局，3 根紅 K 收盤價應在最高點附近（上影線短）
- 實體長為強，有下影線為強，有上影線為弱
- 若第 1 根到第 3 根越來越強，多頭動能充沛

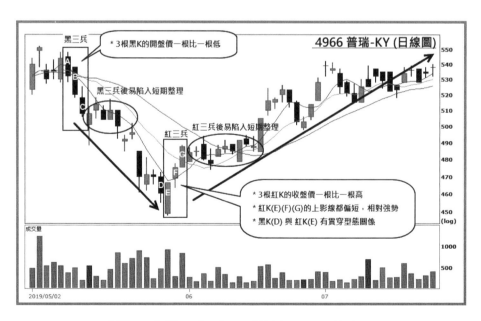

【圖 2-6】黑三兵、紅三兵範例 – 4966 普瑞 KY

◎ 2-1-5 缺口

缺口，是指走勢圖中沒有交易的中斷價位（兩根相鄰 K 線中間，出現空白），顯示當下一面倒的市場心理，走勢應有很大機會順著缺口的方向進行，所以可視為一種連續型態。

此外，缺口也可視為有效的確認機制。當反轉機制發生後，如果出現相同方向的缺口，可以強化反轉訊號的有效性。

缺口可以被當作支撐與壓力區，尤其在密集交易區或價格創新高出現的缺口特別重要。若以缺口為支撐或壓力時，價格可能暫時跌破「上升缺口」頂部，或暫時穿越「下降缺口」的底部，然後再恢復成原來的走勢方向。

漲勢中出現跳空缺口代表漲勢會繼續延伸，拉回時，缺口應該會發揮支撐功能。但如果拉回走勢關閉了缺口，則賣壓將持續發展，表示先前的上升趨勢已經結束。反之，下降趨勢中出現的缺口意味跌勢會繼續發展，回彈的價格會在缺口遭遇壓力，但如果缺口被關閉了，反彈繼續上揚，那麼先前的下降趨勢也宣告終結。

「缺口」的幾個運用重點整理如下：

- 連三日沒有關閉缺口，市場繼續朝缺口方向走。
- 連三日出現缺口，市場過熱，趨勢過度延伸，即將發生修正。
- 普通缺口：盤整走勢中出現的缺口，沒有特殊意義。
- 突破缺口：盤整過後，出現帶量向上跳空突破，如果缺口在幾天之內沒有被填補，表示趨勢明顯向上，是買進訊號。
- 逃逸缺口：趨勢加速發展，且成交量大，趨勢會延續。

- 竭勁缺口：常發生在行情接近尾聲，代表趨勢即將反轉的訊號。

- 缺口大，甚至超過 10%，可能是除權息或是減資缺口。

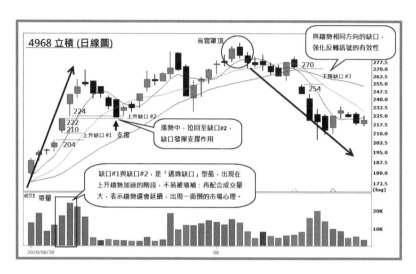

【圖 2-7】缺口範例 – 4968 立積

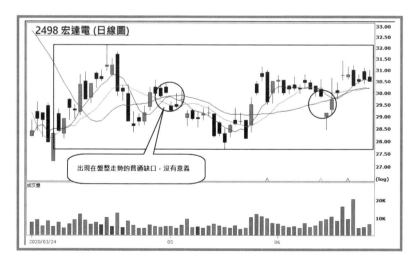

【圖 2-8】缺口範例 – 2498 宏達電

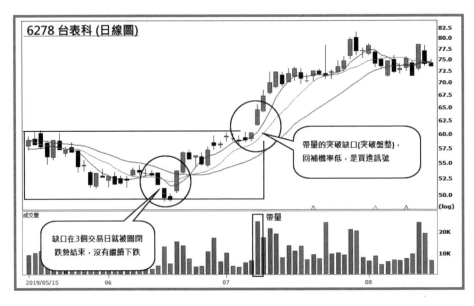

【圖 2-9】缺口範例 – 6278 台表科

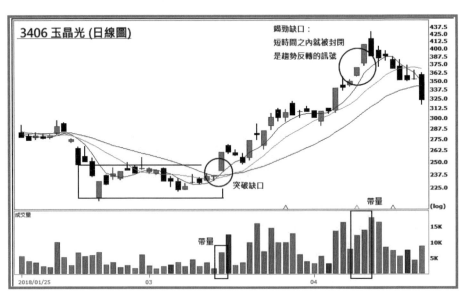

【圖 2-10】缺口範例 – 3406 玉晶光

NOTE

2-2

K 線運用基本原則

　　現實中，市場多半處於盤整狀態，遇到壓力回檔或碰觸支撐反彈的情況所在多有，但我們是能否能找到 100% 符合範例解說的反轉型態，並且直接套用？其實，這是不可能的。

　　範例解說的型態，都是經過歸納整理過的，當它們出現時，趨勢反轉或是走勢持續的機率是相對高的；因此，我們要盡可能去理解其背後的邏輯意義，當發生近似的走勢時，能夠去留意，並找到進出場的機會。

　　以下彙整其他需要注意的 K 線運用基本原則：

- 上下波動幅度很大是亂線時，若 3 ～ 4 日仍未獲利則先退出。
  例如，交錯出現的黑 K、紅 K，價格甩來甩去，就是一個盤整格局。

- 「樹木再高也不會長上天」，當出現連續紅 K 線 8 ～ 10 日的行情，要注意反轉下跌；反之，連續 8 ～ 10 日連續黑 K，要注意反彈上漲。

- 若遇往上或往下跳空時，應順勢而為。往上跳空表示強勢，若不敢做多，也寧可選擇觀望，千萬別去放空。

- 高檔區連三日長紅 K，應居安思危。並不是要馬上出場，而是要設定好自己的停損點，且每天都要確認並調整停損點，不要把賺到的錢又吐回去。

- K 線的功能如何，取決你的交易哲學、風險偏好、個性。

- 圖形分析只是一般性通則，沒有一成不變的鐵則。所以，連續 K 棒我都會看好幾根去判斷趨勢，可能要看到第 3 根、第 4 根，才能有較高的把握去評估走勢，不會只看一根就決定。

- 有效的交易技巧不僅需要了解價格型態，還要配合健全的策略與戰術。K 線僅能表達價格型態，再配合成交量、均線或是籌碼面去看，才會是比較健全的策略。

- 建立部位時，應在當時的趨勢中來考慮。意思是說，不要逆勢操作，當時價格型態走多頭，就要盡量偏多去思考。

2-3

K 線教學的總結提醒

- 在價格型態發生前後的市場發展，才是交易成敗的關鍵。

- 在市場中，「期待」是最奢侈的行為。買進後，不要一直期待無止盡的上漲，套牢了也不要期待價格會再回到你的成本，讓你不賠賣。SOP 要確定好，該停損就要停損。

- 在市場中，永遠有某個價位可以證明你的看法是錯誤的。常常我賺了 2% 出場後，價格卻立馬再漲個 3-4% 給我捶心肝。為什麼我會平倉？顯然，「我覺得價格上不去了」的看法，市場證明這是錯的。但也有可能你 2% 賺了不走，最後卻是倒賠 2% 出場。總之，對錯都是由市場說了算，不要太糾結。

- 任何走勢圖上最重要的價格就是你「進場的價格」。因為，你必須根據你的進場價格來決定後續的策略，行情往上走該如何因應？價格往下掉又該如何面對？若陷入橫盤整理該怎麼處置？

- 市場永遠不會犯錯，不要試圖把你的意願強加在市場上。市場上的交易者有百萬人、千萬人，而你僅是蒼海之一粟，無法

代表也無法撼動所有的參與者。

● **不要猜測趨勢，永遠順勢而為**。不要猜頭摸底，行情在跌不要想低接，行情在漲不要去預測頭部並企圖放空，這都是很危險的作法。

● **不管股價已經跌多少，它還可能同樣再跌一大段**。舉例來說，大立光從 6000 元跌到 5000 元，你可能會想：「現在買比之前買便宜 1 百萬耶」，殊不知還有更便宜的（3008 大立光於本書截稿前，股價尚在 3000 ～ 3500 元之間盤整）。

● **「一山還有一山高，一谷還有一谷深」**，在市場中永遠是順勢交易，不要逆勢而為。進場了，一定要設有停損，且每天都要去調整停損，碰觸到了停損就出場，有賺就好，你永遠無法提前預知高點在何處、何時會出現。

達文熙問：組合 K 線的教學已經告一段落，阿老大是否能再跟我們分享一些你覺得該注意的地方？

K 線的教學，來自阿魯米老師的回應

一根 K 線可以看方向，但相當不容易，組合 K 線才比較容易看方向。譬如說，當一根長紅 K 出現在一個上漲階段之中，究竟它是漲勢中間的一根長紅 K，還是漲勢末段最後一根長紅 K？如果單單去看一根，其實看不出什麼所以然。

此外，長紅 K 之間也是有差異的，一個漲了 8% 的長紅可以是開盤就漲 2%，實體部分是 6%，但實體內部可能是：(1) 漲了 5% 後拉回到接近平盤，然後直到尾盤才又拉起來；(2) 直接拉到高檔，並維持在高檔震盪下不來。相較起來，(1) 這種鋸齒狀的走法相對就比較弱。

一般而言，針對一根 K 線的觀察，主要是看日線層級以上的時間週期，才會只看一根 K，例如日 K、週 K，沒人會去單看分時

走勢的一根 K 線去判斷走勢方向。

　　所以，當我們在看酒田戰法的組合 K 線，不管是 2 根也好、3 根也好，或者有人甚至用到 5 根，其實都是一個「區域」的概念、「型態」的概念；此概念可應用到所有的交易時間級別，也就是說，在短週期（分鐘 K、小時 K）的 K 線會有組合性的意義，在長週期（日 K 線）的 K 線也一樣會有組合性的意義。

　　譬如說，當日 K 線圖中出現中間一根 K 線最高、左右兩根 K 線比較低的組合，那中間這根可以看做是頭部，此組合暗示趨勢可能往下走，這有點類似混沌理論的分形概念；再進一步拆分成分時走勢去看，它可能是一個頭部形態。

　　也就是說，當我們看酒田戰法的 K 線圖，遠看是一根又一根的 K 線，但如果你能把這些 K 棒拆解開來，看裡面的組成，就會看出一個型態。總而言之，大週期與小週期之間具有連貫的關係，操作的觀念也是互通的。

PART 3
【價量關係】

股市諺語：「新手看價，老手看量」，這句話是什麼意思？兩者不能一起看嗎？

3-1

價格與成交量

　　股市中，新手與老手的差別在於，新手是看價格波動，所以看到價漲會追、價跌就殺，老手則是會看成交量。至於市場的主力則是會看籌碼，因為他們資金雄厚有能力鎖定自己的籌碼。

　　至於價量之間的關係，我們時常聽到有人會說：「有量買進去，價格才會漲」、「量是因，價是果」，但真是如此嗎？我不認為是這樣。在我看來，兩者應該是「蛋生雞、雞生蛋」的互為因果關係。舉例來說，買盤大量進場，價格當然會跟著水漲船高；但有時候當價格開高並沒有伴隨量增，得等到價格漲上去了，市場有人看到追上去，成交量才跟著出來。

　　本章節會講解幾個價量樣態的範例，幫助大家更清楚的理解價量之間的交互關係。

◎ 3-1-1 價量樣態（1）：
　　價漲量增

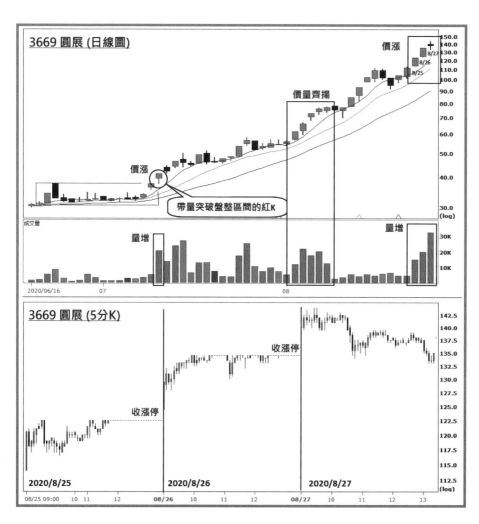

【圖 3-1】降漲量增範例 – 3669 圓展

　　3669 圓展，初期價格與成交量如同一攤死水，都不太動，直到 2020/7/10 出現了突破區間整理，且伴隨暴量的紅 K。此一**價漲量增**的現象，價量同時表態就拉出趨勢，帶動了後面**持續的出量，價格也緩緩地墊高**。

　　2020 年 8 月中旬的**量縮整理**，是因為這檔個股漲得太多成為「**警示股**」所導致。（警示股無法當沖交易，要留意此狀況。）

　　2020/8/25 又出現了一根價漲量增的長紅 K，但要特別留意股價已經漲了一段時間，且曾經漲到過熱被打為警示股，推判此時這根紅 K 線的「位階」已高。幸好，這根紅 K 線沒有什麼下影線且收在最高（漲停），從單一 K 線的外貌來看還算可以接受。漲停隔天都還有行情，但**位階已高又出量**就得要格外留意。

　　2020/8/26 又是收一根漲停，且沒有下影線，成交量也再創高，持續密切留意價格的變化。

　　2020/8/27 跳空開高，卻在盤中跌破開盤價並走低，最後當日是留下上影線的小實體黑 K，當天的成交量也是近期之最。**位階已高又出量，這很有可能是要回檔的徵兆**，要小心主力可能要出貨。

圓展 3669 回顧

　　本書完成時間是 2021 年 2 月，回顧 3669 圓展後續的走勢。

　　2020/9/3 走勢跳空開高，再次形成了一個「高價區的紡錘線」，且當天成交量將近 3 萬張，可能是「竭勁缺口」。

　　2020/9/4 與 9/7 這 2 個交易日，形成了空頭吞噬型態，也是我很常提到的「外含線」，尤其 9/7 的黑 K 實體將 9/4 紅 K 幾乎完整

的吞吃掉，顯示後續價格走勢「很有可能」會開始下行。

　　2020/9/7-9/11 高價區出現了「黑 3 兵」型態，短時間內就封閉了 9/3 的跳空缺口，更是證明該缺口為「竭勁缺口」。

　　果然，有這麼多反轉型態的訊號疊加，確認頭部成型，先前的漲勢也已終結。到截稿前為止，3669 股價最低跌落至 66.5，跌幅超過 50%。

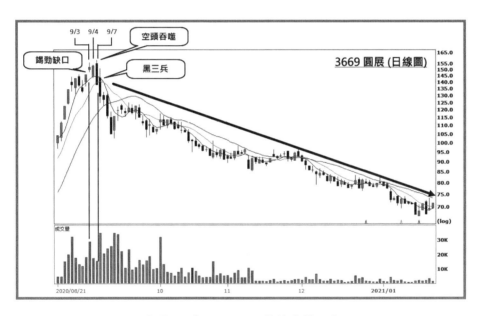

【圖 3-2】3669 圓展後續走勢回顧

◎ 3-1-2 價量樣態（2）：
價漲量縮

　　「價漲量縮」就如同我們耳熟能詳的**價量背離**關係，如果此現象發生於價格的高檔區，下跌的機率高；但如果發生在低檔區，卻可能是跌深反彈的前兆。

　　3293 鈊象，2020/7/2 出現一根帶量長紅 K，收盤價突破了 6 月底的一個區間小盤整，進入了高檔區。隨後 7/3 黑 K 開高也走高，卻收在最低（沒有下影線買盤的支撐），這是個警訊。7/6 開高而最後卻是收一個小實體紅 K，但成交量比前一日的黑 K 還要低；7/8 與 7/13 的紅 K，也都是呈現價漲量縮的現象。

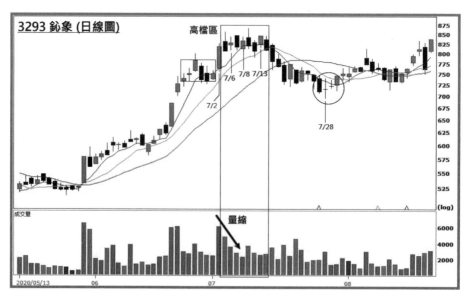

【圖 3-3】高檔區價漲量縮範例 - 3293 鈊象

之後行情開始往下走，直到 7/28 與 7/29 出現連續兩天的十字線，都是開高下跌，卻有低接買盤將價格拉回到接近平盤，顯示價格有跌不下去的跡象，之後又走出一波趨勢。（**要留意高檔區的量縮是否是因為漲停鎖死造成。**）

圖 3-4 的 2108 南帝從 2020 年 6 月中旬過後開始走跌，直到 2020/7/28 在低檔區出現了一根十字線，顯示價格雖殺低但有承接買盤；之後價格出現上漲，但這僅能**先視為一個反彈，尚未形成趨勢**；在這個漲勢初起的階段，量能不足呈現量縮，之後就進入了一個為期兩週的盤整。8/21，出現一根量能激增的長紅 K 線，價格跟著往上走，行情噴出並走出波段。

8/28 高檔區出現帶量紅 K，卻是有著長上影線的紡錘型式，就要開始注意了。8/29 又開高，但收盤卻是被壓回開盤價附近，形成有長上影線的十字型式，再次確認此高檔區有賣壓。

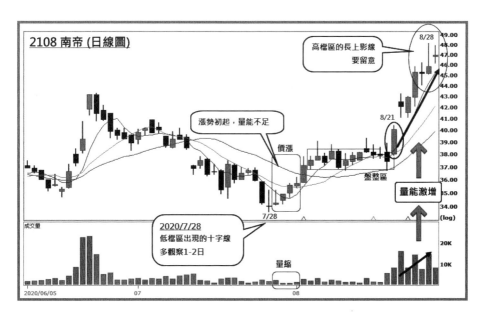

【圖 3-4】低檔區價漲量縮範例 – 2108 南帝

◎ 3-1-3 價量樣態（3）：
價跌量增

　　「價跌量增」是一個相當不好的價量樣態，因為這是一個在跌勢時，成交量放大，但多半是賣壓在火上加油，助跌的力道強，後續還會再跌，並導致價格重挫。

　　圖 3-5 的 3532 台勝科，從高檔盤整區上緣起跌已經一段時間，但成交量卻不減反增，整個殺盤的力量就很強。雖然在 2020/6/29、6/30 接連出現 2 根紅 K 止跌，成交量也都不小，但相較於前方這麼大的一個跌幅，這 2 根紅 K 顯然是杯水車薪，無能為力收復前面這麼大的一個套牢區間。下一階段，就是會陷入一個區間整理格局，成交量雖萎縮，頂多就是陸陸續續有些買盤進入，但短期內可望止穩。

　　但止穩之後有沒有機會往上攻？這真的不容易，因為這是一波大幅度急跌且成交量那麼大，量縮整理是相當正常的現象。至於會整理到什麼時候，如果是產業面的問題，推估就會整理到整個產業的基本面改變；又或者，整理至出現一根大紅 K 線可以吞噬掉一根下跌的黑 K 的時候，那可能才是反彈的開端。

　　要一次收復這麼大幅度的急跌是不可能的，行情一定是慢慢地突破、慢慢地整理、緩緩地上漲。像這類的個股，我就不建議買進，因為在如此走勢之下，低接後價格能夠很快拉起的可能真的很低，除非你是要在低點搶個小反彈，那還說得過去。

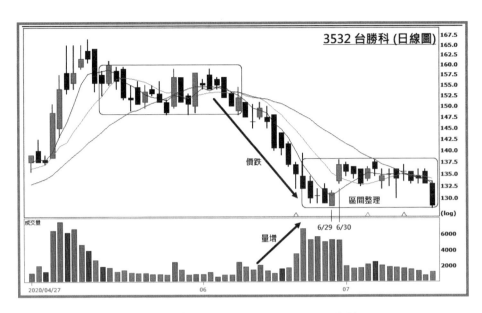

【圖 3-5】價跌量增範例 – 3532 台勝科

◎ 3-1-4 價量樣態（4）：
價跌量縮

4968 立積，股價飆漲後不久，成交量遞減，股價開始下跌。因為下跌，會造成追高買盤減少，主力也縮手，若股價或成交量短期未衝新高，續跌的機率大增。

但量縮反倒讓股價止跌並緩步向上，直到 2020/7/24 出現一個帶量、長上影線的紡錘型式紅 K，由於位處高檔區，須格外留意。果不其然，隔天跳空開高，卻從高點一路下跌收在平盤價且沒有下影線，賣壓力道強勁。

之後價格走跌，但接近 7/15 前低時，7/29 出現了帶有下影線的紅 K，帶動了一波漲勢。8/5 價格雖然過了前高，但 8/6 的黑長 K 收盤價深入到 8/5 紅 K 實體一半以上，形成一個「烏雲罩頂」反轉型態。

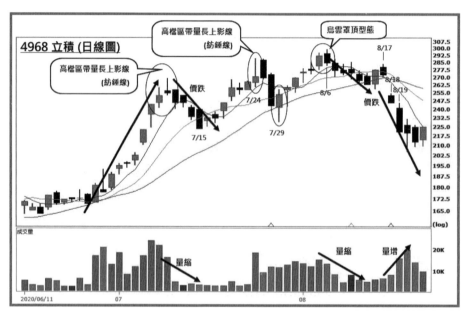

【圖 3-6】價跌量縮範例 – 4968 立積

8/6 之後，再次在高檔區出現量縮價跌現象，雖然出現了一根反彈的紅 K，但並不足以挽回下跌的頹勢，8/18、8/19 後續又是價跌量增的傾瀉式賣壓。（註：立積被視為華為概念股之一，受到美國政府擴大封殺華為的影響，股價連日重挫。）

◎ 3-1-5 其他價量樣態

- 價漲量平：止漲現象，買方拉抬意願不強，可能形成頭部
- 價跌量平：多方態度不明，股價可能再跌
- 價平量平：行情可能盤整或下跌，退出觀望較佳
- 價平量增：量大不漲，股價可能要回頭。漲勢初期的價平量增可能是主力卡位，後續有機會噴出；但如果是漲勢後期的價平量增，接手無力，準備回頭
- 價平量縮：通常是橫盤整理，在高檔區易形成頭部；跌深出現價平量縮，只要主力拉抬，容易反彈

3-2

價量樣態：
要注意的特殊狀況

　　4743 合一，第一個框起的部分出現價格連續上漲，但成交量卻萎縮至相當低，這並不是我們前面提過「價漲量縮，有趨勢反轉的可能性」。這裡的情況是，開盤即鎖漲停，導致沒有量。相反的，在第 2 個框起的部分則是出現開盤即跌停，因而造成成交量萎縮。

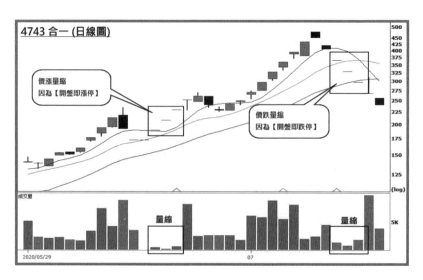

【圖 3-7】價量關係特殊狀況 1

　　此外，當股票出現交易過熱、漲幅過大、週轉率過高等異常問題，會被主管機關列為「注意股票」，但此時還不會有任何處置行為。一旦股票多次觸發注意股票的條件，此時即會被列為警示股票，並且開始進行處置。

　　股票被列為警示、處置股之後，在買賣數量與撮合時間都會受到限制，會造成股票的流動性變差（買進、賣出都變得比較困難），對於股價的走勢與成交量都會有所影響。

　　1734 杏輝，在 2020/7/9 ～ 2020/8/4 期間，因為被列為「處置股票」，所以成交量低迷。

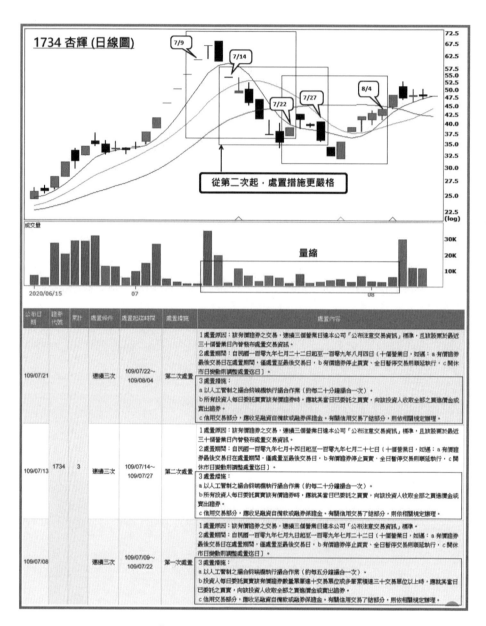

公布日期	證券代號	累計	處置條件	處置起迄時間	處置措施	處置內容
109/07/21			連續三次	109/07/22~109/08/04	第二次處置	1.處置原因：該有價證券之交易，連續三個營業日達本公司「公布注意交易資訊」標準，且該股票於最近三十個營業日內曾發布處置交易資訊。 2.處置期間：自民國一百零九年七月二十二日起至一百零九年八月四日（十個營業日，如遇：a 有價證券最後交易日在處置期間，僅處置至最後交易日，b 有價證券停止買賣，全日暫停交易則順延執行，c 開休市日變動則調整處置迄日）。 3.處置措施： a 以人工管制之撮合終端機執行撮合作業（約每二十分鐘撮合一次）。 b 所有投資人每日委託買賣該有價證券時，應就其當日已委託之買賣，向該投資人收取全部之買進價金或賣出證券。 c 信用交易部分，應收足融資自備款或融券保證金。有關信用交易了結部分，則依相關規定辦理。
109/07/13	1734	3	連續三次	109/07/14~109/07/27	第二次處置	1.處置原因：該有價證券之交易，連續三個營業日達本公司「公布注意交易資訊」標準，且該股票於最近三十個營業日內曾發布處置交易資訊。 2.處置期間：自民國一百零九年七月十四日起至一百零九年七月二十七日（十個營業日，如遇：a 有價證券最後交易日在處置期間，僅處置至最後交易日，b 有價證券停止買賣，全日暫停交易則順延執行，c 開休市日變動則調整處置迄日）。 3.處置措施： a 以人工管制之撮合終端機執行撮合作業（約每二十分鐘撮合一次）。 b 所有投資人每日委託買賣該有價證券時，應就其當日已委託之買賣，向該投資人收取全部之買進價金或賣出證券。 c 信用交易部分，應收足融資自備款或融券保證金。有關信用交易了結部分，則依相關規定辦理。
109/07/08			連續三次	109/07/09~109/07/22	第一次處置	1.處置原因：該有價證券之交易，連續三個營業日達本公司「公布注意交易資訊」標準。 2.處置期間：自民國一百零九年七月九日起至一百零九年七月二十二日（十個營業日，如遇：a 有價證券最後交易日在處置期間，僅處置至最後交易日，b 有價證券停止買賣，全日暫停交易則順延執行，c 開休市日變動則調整處置迄日）。 3.處置措施： a 以人工管制之撮合終端機執行撮合作業（約每五分鐘撮合一次）。 b 投資人每日委託買賣該有價證券數量單筆逾十交易單位或多筆累積逾三十交易單位以上時，應就其當日已委託之買賣，向該投資人收取全部之買進價金或賣出證券。 c 信用交易部分，應收足融資自備款或融券保證金。有關信用交易了結部分，則依相關規定辦理。

【圖 3-8】價量關係特殊狀況 2

NOTE

阿老大會客室

 K 線的教學，來自阿魯米老師的回應

價量關係，一般我們都會講「有價才有量」，同樣地「有量才有價」，這的確是雞生蛋、蛋生雞，但是有些行情可能不會那麼標準。

「價漲，才會量增」、「價跌，就會量縮」，這是符合多頭行情的描述，但是有些股票走得比較緩，漲得比較慢，過程中是每天都在漲，但每天都在量縮。像這樣的股票，如果讓它拉起來，反而沒有賣壓，後面通常都會有大波段行情。

例如 6237 驊訊，在它築底完成開始往上攻擊的時候，它每天都在漲，漲幅都不大，幾乎每天都是紅 K，但沒人理會它，呈現一個量縮的態勢；可是等到大家知道要去理它的時候，它就開始呈現價漲量增、價跌量縮，這種模式出現的時候，接下來也就是主升段的開始。

所以，股票不會都很制式地一定用「價漲量增」、「價跌量縮」這樣標準的多頭模式在進行，像驊訊這樣前面的初升段，就又是另

一個模式。

我建議大家要多發掘各種不一樣的行情走勢，就會發現其實價量關係存在有一些變化。總之，就是不要拘泥在制式的價量關係的規範裡面，行情裡面有許多變化多端的內容，你可以多加思考。

總之，量縮其實不一定是壞事。如果是「無量下跌」，就一定是壞事；反之，「無量上漲」就不是壞事，它可能是漲了一段，然後盤整，之後再繼續漲，等到真的出量的時候，就是大漲的時候，大家可以盡量多觀察看看。

「讀圖千遍，其義自現」，價量關係的通則未必適合每一檔個股，每一檔個股都有自己的「股性」，你要多看多觀察歷史資料，對照價量關係，就可以領略出一套你自己的看盤方式。

PART 4

【台股箱子戰法】

只要你會看 K 線，會畫出四方型的箱子，就一定學得會「箱子戰法」！

4-1 箱子戰法，散戶最簡單好用的交易方法

　　市場上開股票交易課程的老師很多，課程內容或多或少對散戶有所助益，他們教的指標、方法各有其功能。但是，這些指標或方法，對散戶而言，常常是繳了大筆學費上過課了，還是「知其然卻不知其所以然」，無法融會貫通、進一步活用。

　　以形態學來說好了，很多散戶可能都曾經陷於「M頭可能是W底，W底也很可能又變成是M頭」的困惑之中，這是因為一個形態要發展成散戶看得懂的樣貌，往往需要很長一段時間，甚至就算型態已經夠完整了，散戶也可能還是不知如何判斷。波浪理論，12345 波，波中還有小波，散戶根本判斷不出來哪一個是主波段，哪一個又僅是可以忽略不去參與的小波段。MACD 指標，有用也很好用，但背離、背離再背離，散戶總是分不清到底哪個背離才是真的。KD 指標，鈍化、鈍化再鈍化，散戶看到最後連腦袋也跟著鈍化了。

　　為什麼我要把「箱子戰法」教會市場的散戶，這是因為箱子戰

法是最簡單的，只要你會看 K 線，會畫出四方型的箱子，就一定學得會！

◎ 4-1-1 什麼是箱子

「箱子戰法」來自華爾街，是由芭蕾舞者達韋斯所創造的一種理論。

達韋斯認為，股價常在一定價格範圍內波動。在這價格區間內，把相對高低點連線，就可以形成一個股價運行其中的箱子。

當股價下跌到箱子的底部時，會受到買盤的支撐；當股價上漲到箱子的頂部時，會受到賣盤的壓力。當股價能有效突破箱子頂部或跌破箱子底部，就可能會是一股新趨勢的產生，能將價格推進到一個新的箱子裡運行。（有關達韋斯版本箱子理論的回顧，可以參閱本書 Part 0 的介紹。）

◎ 4-1-2 箱子的形成

市場上的參與者眾多，包含大戶、中實戶、還有你我這些小散戶。每個人都有其買進賣出的價格，但是當到了某些價位附近，就會出現「上不去或是下不來」的現象，形成一個上有壓力、下有支撐的區間，如同一個箱子形狀。

➢ 箱子的畫法

　　沒有永遠上漲的走勢，也沒有永遠下跌的走勢，價格漲多就會回檔，跌深也會反彈。股價長期趨勢有此現象，短期趨勢也是如此。主要走勢的發展，其實是許許多多同方向的N字型走勢在重複出現，並衍生出一連串擴張與合併；反之，若主要走勢轉向，例如從漲轉跌，那麼走勢就會從「正向N字型」轉而呈現「反向N字型」。

　　每一段N字型走勢都可以畫出一個箱子。下圖我用大部分看盤軟體都有的 ZIG-ZAG 轉折指標繪製的折線圖，幫助大家理解 N 字型走勢概念。（真正畫箱子的方法，後續會說明。）

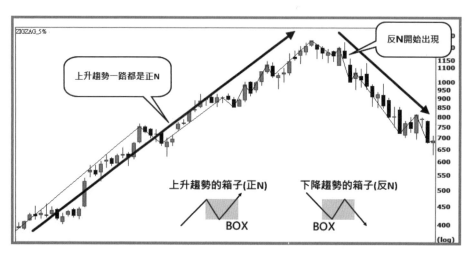

【圖4-1】主要走勢是許多 N 字形走勢所組成

　　畫箱子的方式因人而異，**我的方法與達韋斯的方式不同，我不看上下影線，只看 K 線的實體**，也就是說，我是以波段走勢中最上

方的 K 線實體上緣與最下方的 K 線實體下緣，去定義出箱子的頂部與底部，進而形成一個箱子。

決定箱子頂部的 K 線實體上緣，可能是一根長紅 K 收盤價，也可能是一根跳空開高的黑 K 開盤價；反之，決定箱子底部的 K 線實體下緣，可能是一根長黑 K 的收盤價，也可能是一個開低走高的紅 K 開盤價。

這個章節的內容十分繁瑣，請務必跟上每一個步驟，才能畫出正確的箱子。**再次提醒，畫箱子最重要的訣竅是：「不要被 K 線的顏色與影線干擾，單單就靠著 K 線實體的高低起伏，去找出箱子的邊界。」**

圖4-2中，價格一路往上走，走勢在一根紡錘黑K線（A）之後，止漲回跌，3 天內沒能再創新高，箱子的頂部確立＝黑 K（A）實體上緣，緊接著下一個步驟就是找出箱子的底部。價格自黑 K（A）之後下行，一路跌至黑 K（B）的出現，同樣的觀察 3 日，後續的 K 線實體未再創低，底部確認，BOX-1A 成形。

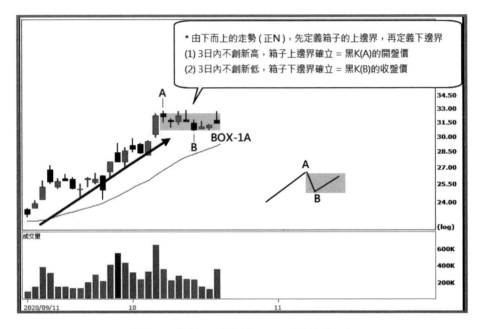

【圖 4-2】箱子的畫法：3 日原則（一）

　　股價要躍升進入新的盤整區間，會需要成交量的推波助瀾，也會出現以下的狀況：當上漲走勢出現量能激增的長紅 K，可以「提前假設」這是接下來要成形的新箱子的重要支撐。再次強調，僅是提前假設為支撐，不是當作箱子底部，真正的箱子底部還是要由走勢告訴我們。

　　總之，除非出現了特殊的組合 K 線反轉型態，否則箱子的形成條件還是要以 3 日原則為最高指導原則，而量能激增紅 K 開盤價則是要留意的關鍵支撐價格。

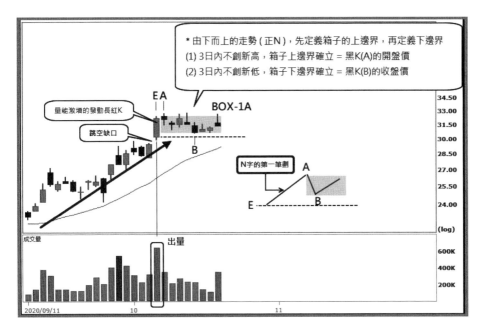

【圖 4-3】「量能激增長紅 K 開盤價」是關鍵支撐價格

（圖 4-4）股價在觸及「量能激增長紅 K 開盤價」之前就反彈向上，是下一個正 N 走勢的開始，股價一路上漲到黑 K（C）才止漲（之後 3 日內不創高），回檔走勢在黑 K（D）止跌（之後 3 日內不創新低），這一去一回再加上 3 日不創新高／不創新低的原則，形成了另一個箱子 BOX-1B。

對先前 Part 1「K 線解析」章節記憶猶新的讀者，可以清楚的識別出，在 BOX-1A 時期，「量能激增的長紅 K 實體底部，也就是開盤價」，在 BOX-1A 階段對走勢有支撐效果；在 BOX-1B 形成的過程中，量能激增的長紅 K 開盤價被跌破，但 BOX-1B 的走

勢卻在「量能激增紅 K 的跳空缺口」得到支撐，沒能封閉缺口並成功反轉向上，進而界定出 BOX-1B 的底部。

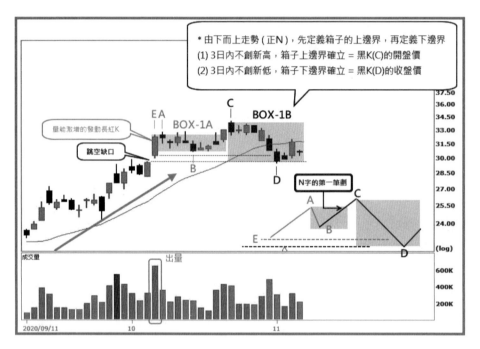

【圖 4-4】箱子的畫法：3 日原則（二）

學習解讀單一 K 線、找出組合 K 線線索，目的就在於輔助我們能夠更精準有效的繪製箱子，甚至「預判」箱子的可能範圍，這也正是為什麼在正式進入箱子戰法前，不能免俗的還是得先聊聊 K 線。

◎ 4-1-3 箱子的合併

　　很多講述箱子理論的書籍或網路教學文章，會有很多箱子的畫圖範例，而你在學習的過程中，一定會覺得怎麼這麼神，案例是如此完美，躍躍欲試想要趕緊跟著照做賺錢。

　　但你只要再細部的深入研究，會發現其實箱子裡面還有箱子，但教學怎麼都沒講這些？都選擇性地忽略這些過程中也該被視為箱子的盤整區？

　　其實，這是因為大部分的教學都是事後諸葛，看著已經走出來的走勢畫圖，絕對可以看出最有效的支撐與壓力，當然也可以展示最完美的箱子。但是，散戶面對每一天的 K 線，無法預知目前的箱子發展到哪裡，怎麼會有能力做出交易的判斷？

　　答案是否定的，散戶沒有這樣的能力。

　　在實務的交易操作中，在關鍵箱子的頂部與底部被定義之前，根據股價波動範圍可以畫出來的小箱子，可能不只一個，且這些小箱子的邊界也會不斷的被破壞或是被測試。

　　如同在前面介紹箱子的畫法中，若眼前只有 BOX-1A 的存在，那 BOX-1A 的區間範圍就是「當下操作」的依據，按照「突破BOX-1A 上邊界買進」的原則，就是要進場。雖然買進後按著策略被停損，這其實沒什麼，沒人可以知道買了以後會漲還是會跌，被停損就是乖乖出場、再觀察就是了。

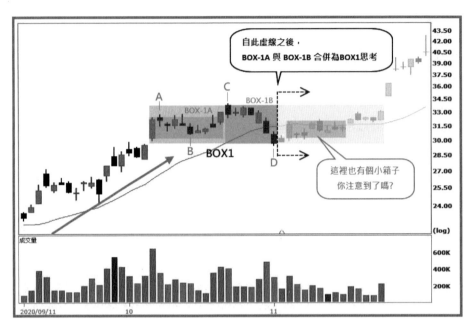

【圖 4-5】箱子的合併（一）

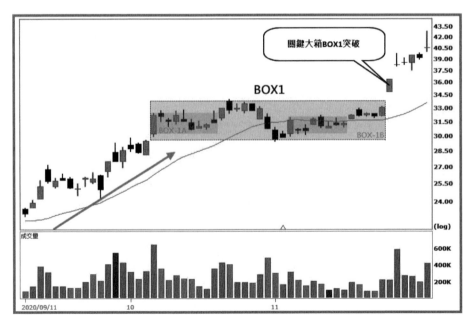

【圖 4-6】箱子的合併（二）

　　BOX-1A 突破買進卻被停損出場後，等到 BOX-1B 被確立，就可以看出原來 BOX-1A 僅是過程中的小箱子，可以被納入 BOX-1B 合併成一個更大的箱子 BOX1 去思考，而且這兩個箱子共同「認可」的支撐與壓力，會更具有效果，也更具有進出場策略參考的意義。

◎ 4-1-4 堆箱與疊箱

　　價格的移動，不是點跟線的移動，而是一個「面」的移動，一個「區間」的移動。這一個概念正是箱子戰法的核心，在我的操作中，不管是買進、賣出、停損、乃至於加減碼，都是圍繞著「價格是面的移動」來思考。

　　以一支可能飆漲的股票為例，當箱子的頂部被突破，若突破前的盤整時間夠久，累積的能量夠多，竄升出去的走勢就不該再回到原本的箱子之內；若股價每次的突破盤整都能拉出顯著的價差，讓每一次回檔所形成的箱子都不互相交疊，這樣的箱子排列起來是一個一個往上堆，稱之為「堆箱」。（圖 4-7 右）

　　如果走勢不是這麼猛烈，突破後馬上就回頭又跌回原本的箱子，但這波回跌又沒有跌得那麼深，在碰觸到原本箱子的底部前就拉回，還創了新高，這樣「箱子逐漸墊高，但箱子交疊」的現象，稱之為「疊箱」。（圖 4-7 左）

　　「堆箱」型態，是箱子戰法最想參與操作的走勢；**而疊箱將會被合併，重新以一個新的大箱子去持續觀察。**

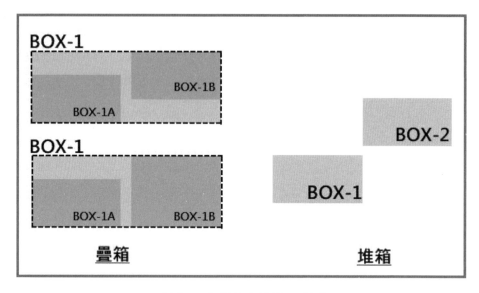

【圖 4-7】堆箱與疊箱示意圖

　　圖 4-8，（1A）是第一個成型的箱子，其後的走勢原本貌似要形成下一個堆箱，但反而跌回（1A）並產生重疊，這是走勢偏弱的現象。隨著（1B）的成型，（1A）與（1B）呈現疊箱關係，可以將（1A）與（1B）合併成一個大箱子 BOX1，做為後續走勢的評估參考。

　　（1B）被跌破，又接連出現（1C）、（1D）、（1E），而且 1C 與 1D 有交疊關係，（1C+1D）合併成箱子，（1E）的底部在量能激增的紅 K 實體底部得到支撐。在 3 日不破原則後，（1A+1B+1C+1D+1E）的共同頂部是由（1B）頂部定義，共同底部則是由（1E）底部定義。

　　我故意將之後的走勢淡化處理，就是要讓各位明白，箱子戰

法絕對是個有效的好策略,但在箱子戰法「真正要逮到的那個突破」來臨之前,會經歷許多吸引人進場的突破訊號(1A被突破),或是讓人誤以為準備反彈向上,但還是再次跌破的現象(1D被跌破)。

　　沒有人可以預知股價的走勢,上述這些狀況都是無法避免的!走勢不如預期,我們就是嚴守停損的原則,務必根據策略停損點去避免可能的趨勢轉向,先退場觀望等待,再找尋下一個合適的進場時機。

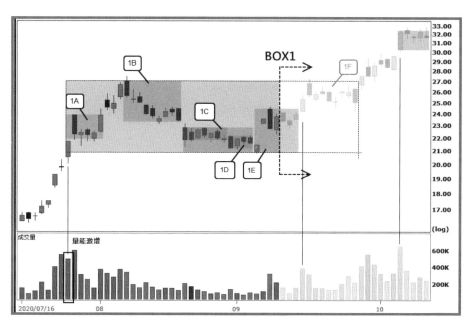

【圖4-8】堆箱與疊箱範例

◎ 4-1-5 賽馬選股法

如何選股？可以參考達韋斯的方式。

達韋斯對於如何鑑別「有上漲力道」的股票，他有個「賽馬」比喻，相當耐人尋味。

試著想像，如果你走進一個賽馬場，看著諸多賽馬在賽道上奔馳，你會去看中那些落後的賽馬嗎？你可是來贏錢的啊，把這些賽馬從你的「奪冠候選清單」移除，是最正確的決定，對吧？

如果有一個曾經的冠軍大熱門，有著優良血統與光榮歷史，但此刻的牠卻正身處於落後的大群之中，牠該獲得你的青睞嗎？你的眼中此刻根本看不到牠，也不應該注意到牠，對吧？

但是，如此一匹「有機會挑戰冠軍」的賽馬，在什麼情況下才能再次進到你的目光之中？答案很簡單，牠必須先把牠**落後的差距給追上，進到領先群中**！

一檔會上漲的股票不也是如此嗎？一支曾經是 100 元的股票，如果現在跌到 30 元，聽完上面的譬喻，請問你還會覺得它依舊很強，而且好便宜，不買好可惜？別忘了，相較於市場上更多的好選擇（良駒），這樣一支「不復當年勇」的股票，是在賽道上苦苦追趕的落後者，你何來覺得它值得你買入？

它曾經讓許多在較高價格買進它的交易者，都蒙受了極大的損失，所以在它上漲的過程中，勢必會有更多來自市場的心理阻力要克服，更多的價格關卡要逐一的突破，它才會再次贏得市場參與者的注意，只因為它「這才開始表現得像個贏家」！

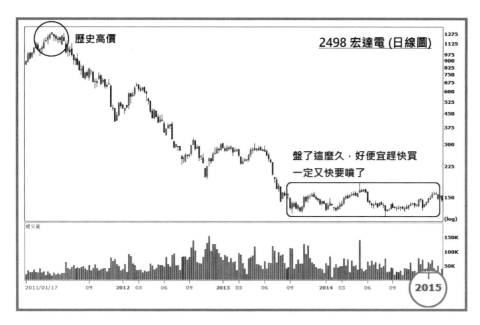

【圖 4-9】失落的宏達電,「看似」很便宜

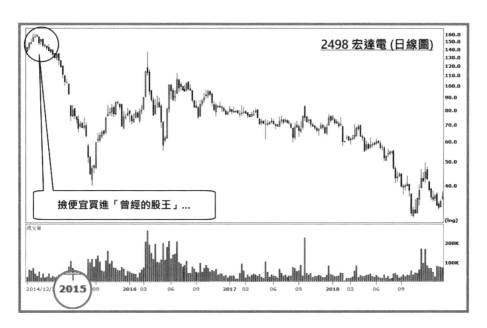

【圖 4-10】失落的宏達電,「只會」更便宜

所以，溫習一下達韋斯的 3 個選股原則，唯有符合這三個條件，他才會對這支股票產生興趣：

- 打破先前歷史高點的股票（太久以前的歷史高點不考慮，最好是 1-3 年內）
- 落在目前最高的箱子內的股票
- 股價在最高的箱子內充滿活力的波動著

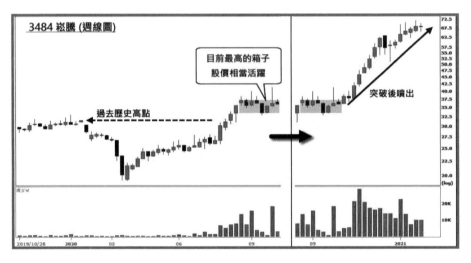

【圖 4-11】賽馬選股法 – 3484 崧騰

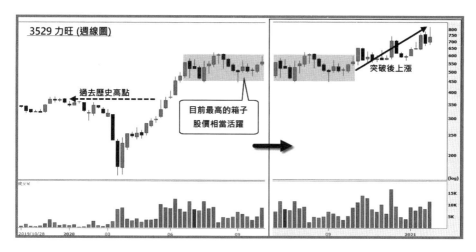

【圖 4-12】賽馬選股法 – 3529 力旺

4-2

箱子戰法的進場策略

坊間大部分箱子理論的教學認為，箱子的頂部與底部各自需要
2 個高點和 2 個低點才能定義，這樣的說法沒有錯，的確是上下各
有 2 個點才更能確認箱體的區間。

但我們該思考的是，嚴謹的確是好事，但對於真實的走勢，我
們真的每次都能明確地定義出箱子的邊界嗎？舉例來說，若在日線
圖的 K 線走勢去畫出箱子，如果一定要等到有 2 個點位才去決定
箱體的邊界，很有可能就錯失了交易的機會。

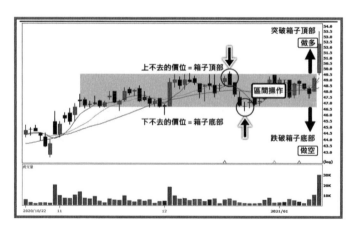

【圖 4-13】箱子戰法可應用的交易策略

所以，只要上下出現高低點，就可以畫出一個箱型，定義出上下的壓力支撐價位，如此一來就可以發展出：

- 箱子內的「**區間操作**」策略：箱子頂部過不去，反空下來；箱子底部下不去，做多上來。
- 突破箱子頂部的「**突破買進**」多方策略，以及跌破箱子頂部的「**跌破賣出**」空方策略。
  （＊本書中不討論空方交易的策略）

當然，一個完整的交易策略不是只有買進股票這麼簡單，如果沒有在股票買進前，就看好那個「證明你是錯誤的」初始停損價格，這樣的策略是不及格的策略，也不該進場。

「股市中沒有 100% 確定的事，有超過一半的時間，我的判斷都是錯的！」達韋斯在 60 年前就有這樣的體悟，所以他的每次進場，都是伴隨著一個「已知且絕對認賠的停損點」。（請注意！是沒有猶豫、絕對認賠的停損點！）

在開始講述策略之前，再次提醒散戶讀者們，做交易一定要務實地承認錯誤、接受虧損，在虧損還小的時候就認賠出場，相較於因為心軟、意志不堅而導致的鉅額損失，忠於「初始停損點」的交易紀律，才是可以讓本金「持盈保泰」的最大關鍵。

◎ 4-2-1 箱子頂部突破買進策略

突破買進策略，顧名思義，就是等到股價穿過箱子的頂部後買進。但是，突破只是通過第一道關卡，突破後的走勢才是能夠真正讓我們獲利的關鍵。影響走勢的因素很多，沒有人可以預知走勢的發展，在 K 線圖上，我們唯一可得的參考就是過去的價格。

根據賽馬選股法所篩選出來的標的，都是在最上方箱子內部震盪的股票，所以最上方的箱子被突破之後，在日線圖的左方將會是海闊天空，沒有重重歷史價格的阻礙。

➤ 買進訊號

股價在盤中突破箱子頂部不能算是成功的突破，一定要是 K 線實體突破才算數（收盤價在箱子頂部之上），且**當天必須是收紅 K**。箱子戰法「突破策略進場價格」，就是以這根紅 K 的收盤價為依據，下一個交易日就是按照策略買進，不去考慮隔天不同的買進時間導致的進價差異，讓範例演示與說明更為單純。（**若隔天開盤低於箱子頂部且都沒能突破箱子頂部，就不可買進。**）

➤ 初始停損點

要突破箱子，不外乎是以下兩種紅 K：

● 「開盤價位於箱子之內」，紅 K 實體，從箱子內，由下而上，穿過箱子頂部。

● 「開盤價位於箱子之外」，是跳空開高的紅 K，開盤價收盤
　價都在箱子上邊界之上。

　　但初始停損點的設置，我不會考慮突破紅 K 的形式去設立停
損點。因為，箱子戰法要追求的股票，是「突破後就要拉開價差」
的強勢標的，絕不允許有突破後又跌回原本箱子的狀況。所以，初
始停損點的設置，就是設置在箱子上邊界以下一檔的價格。

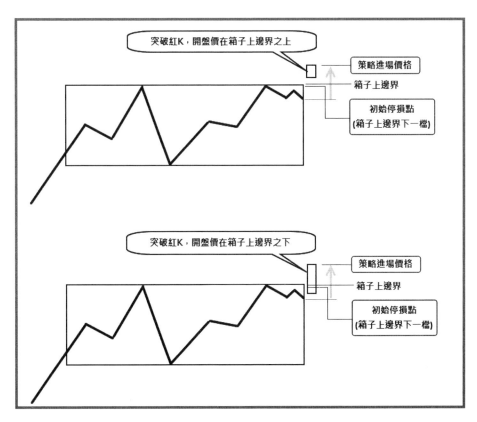

【圖 4-14】突破買進策略的初始停損點設置

目前台灣股票的升降單位，採 6 個級距方式，每股市價未滿 10 元者的股價升降單位為 0.01 元，10 元至未滿 50 元者為 0.05 元，50 元至未滿 100 元者為 0.1 元，100 元至未滿 500 元者為 0.5 元、500 元至未滿 1000 元者為 1 元，1000 元以上者為 5 元。（如圖 4-15）

相關初始停損點價格的設置，在後續的範例中會針對不同價位的股票與對應的升降單位（跳動一檔的價差），完整演示初始停損點的計算方式。

股票升降單位		
	每股市價	最低股價
一般股票	< 10 元	0.01 元
	10 元 < 市價 < 50 元	0.05 元
	50 元 < 市價 < 100 元	0.1 元
	100 元 < 市價 < 500 元	0.5 元
	500 元 < 市價 < 1,000 元	1 元
	>1,000 元	5 元

【圖 4-15】台股股價升降單位

進場與停損設置範例（一）2303 聯電

本範例討論的是 2020 下半年表現出色的 2303 聯電。在 2020 年 8 月之後，聯電股價超越了 2018 年 8 月的近期歷史高點（約 18 元上下），並在 21 ～ 27 元這個箱子內部震盪著，符合賽馬選股法的條件，可以開始觀察留意。

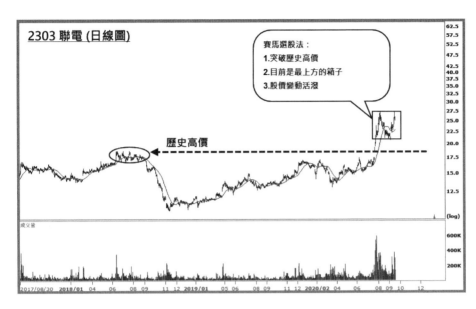

【圖 4-16】賽馬選股法－2303 聯電

　　2020/9/28 一根漲幅 10% 紅 K，收盤價突破了這個盤整了兩個月的大箱子 BOX1（**若按照畫製箱子的原則，BOX1 夾雜了數個小箱子，相關細節後續章節說明**），當天收盤價是 27.5 元，是策略進場買點；秉持進場同時也要同步訂立初始停損點的原則，初始停損點就是設定在 BOX1 頂部以下一檔 27.00 - 0.05 = 26.95 元。

　　突破後的走勢，收盤價未再跌回 BOX1，2020/9/30 回檔最低點在盤中來到 26.95 元，並沒有觸發停損，就繼續向上發展。

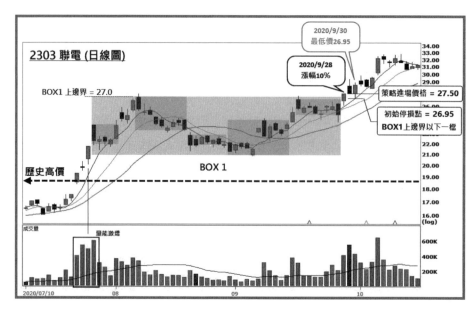

【圖 4-17】箱子戰法突破策略範例（一）– 2303 聯電

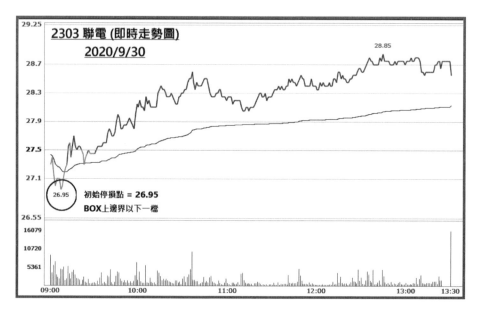

【圖 4-18】2020/9/30 即時走勢圖 – 2303 聯電

進場與停損設置範例（二）3515 華擎

　　2020 年 2 月，3515 華擎站上歷史前高之上，並在 100 ～ 120 元之間盤整，但同年 3 月的 COVID-19 疫情讓股價跌至 80 元低點。2020 年 4 月，當台股大盤剛從大跌中甦醒，華擎卻已經又突破了先前的盤整區，進入到圖中的 BOX1 震盪（區間 114 ～ 136 元），符合賽馬選股理論，可以開始觀察。

　　華擎的 BOX1 盤整在 2020/5/21 出現紅 K 突破，以高於 BOX1 頂部開盤，最後收高在 142 元（漲幅 9.65%），按照停損的規則，選擇以 BOX1 頂部以下一檔 129.0 – 0.5 = 128.5 元作為初始停損點，以 9.5% 的風險去吸收可能的回檔震盪。

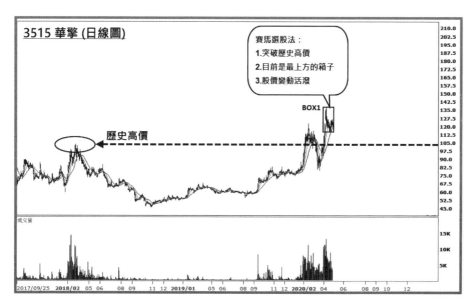

【圖 4-19】賽馬選股法 – 3515 華擎（一）

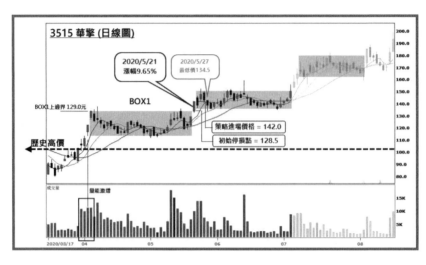

【圖 4-20】箱子戰法突破策略 – 3515 華擎（一）

　　同樣以跳空開高形式突破的紅 K 也出現在 2020/7/6，突破了 BOX2 的頂部 151.0 元，開盤價 154.0 元，收盤價 158.0 元，按照停損原則初始停損點是採用 BOX2 頂部以下一檔 151.0 – 0.5 = 150.5 元。以風險損失 4.7% 去換取之後可能實現的波段報酬。

　　在 BOX1 與 BOX2 這兩次箱子頂部被突破之後，初始停損設置皆能有效避免被突破後的回檔觸及出場，得以繼續參與行情、賺進波段利潤。（BOX2 突破買點與初始停損點設置說明，請參閱圖 4-21、圖 4-22）

　　3515 華擎這個範例，是箱子戰法「買高賣更高」的最好體現。當股價在 BOX1 或是 BOX2 之內盤整，採取箱子戰法的人，無論是在哪個盤整階段介入，都不會去自己嚇自己，出現「已經漲太高」、「看起來很像 M 頭」這類的猜測與論調，他們只會看到這支股票目前就是「看起來正在往上漲」，股價充滿活力的震盪，而且放眼望去，眼前並沒有歷史高點的可能賣壓會阻撓股價向上推進！

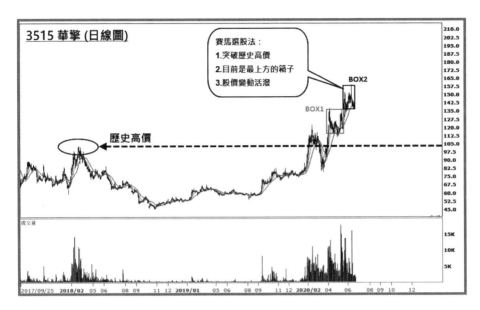

【圖 4-21】賽馬選股法 – 3515 華擎（二）

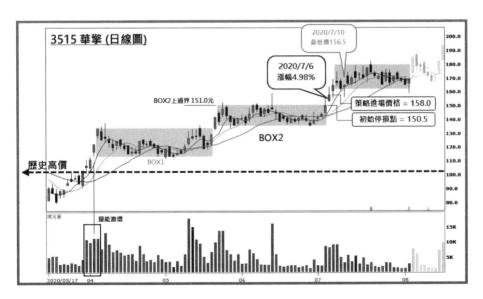

【圖 4-22】箱子戰法突破策略 – 3515 華擎（二）

箱子戰法的「箱頂突破買進策略」，就是先用賽馬選股法篩出股票，畫出箱子的區間，等待箱頂被突破就按照策略買進；買進後，只要初始停損點沒有被觸及，就是續抱到底，心中沒有任何雜念。說穿了，箱子戰法就是這麼樸實無華又枯燥。

但是，對於大部分散戶而言，他們眼中的 BOX1 盤整股價已經太貴，到了 BOX2 更是不敢追。原因無他，正是因為沒有好的策略與停損機制，也不會有交易信念，股價上漲就更是沒他們的份。

進場與停損設置範例（三）2308 台達電

2308 台達電在 2019 年股價高點約為 165 元左右，2020 年初受新冠肺炎影響最低跌落 110 元之下，但幾乎是與大盤同步在 2020 年 7 月就回升到疫情前的價格，並進入 BOX1 震盪（區間 180 ~ 210 元），之後價格又一路走揚，2020 年 12 月初價格攀升至更高的 240 元之上持續波動。賽馬選股法沒有價格太高不能追的疑慮，可以觀察留意進場機會。

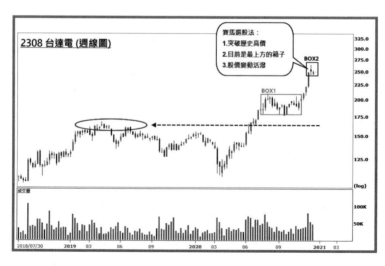

【圖 4-23】賽馬選股法－2308 台達電

BOX2 頂部原本是由 12/7 黑 K 開盤價 254.0 界定，按照進場原則，在 12/21 突破紅 K 的下一個交易日應買進。但是 12/22 開盤開低在 256 元，且開盤不到 10 分鐘就跌落 254 元之下，若開盤買進的人要停損，還沒進場的則要觀望，因為價格已經跌回箱中，不符突破進場的原則。另一方面，雖然這個紅 K 突破失敗，但它的開盤價 258 元更新了 BOX2 的頂部，後續再有 BOX2 突破進場機會，要以 258 元為準。

2020/12/30 突破紅 K 出現，策略買進價格為 260 元，初始停損價格為頂部以下一檔 258.0 – 0.5 = 257.5 元。從圖中淡化的後續走勢可以看出，之後股價未觸及停損，也沒有跌回 BOX2 並一路走高。

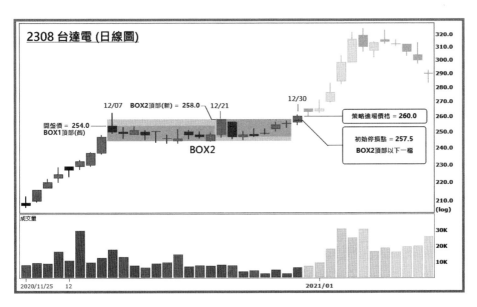

【圖 4-24】箱子戰法突破策略 –2308 台達電

◎ 4-2-2 箱子底部反彈買進策略

除了突破壓力可以做多，本書中另一個做多的策略是「箱子底部反彈買進策略」，乃是利用箱子底部的重複測試，確認底部堅實後，進場抓反彈做多。

但是，要如何確認箱子底部打底完成，提高策略的成功率？相較於突破策略，底部反彈策略更仰賴 K 線反轉型態的研判能力與經驗累積。

➤ 買進訊號

箱子戰法底部反彈策略進場點，是**以箱子底部反轉訊號成立的紅 K 收盤價做為策略進場價格**。

➤ 初始停損點

箱子底部策略是根據箱子底部有支撐力量才去進場，所以**初始停損點的設置就是「反轉訊號成立的紅 K 開盤價」**。

箱子底部反彈策略等於是「瞄準強勢股的回檔修正」，要增加勝率，一樣也是要透過賽馬選股法幫我們篩選出強勢且趨勢向上的股票。

這個策略的優點是「有機會從箱子底部一路賺到箱子的頂部，乃至於突破後整個一大段行情」，但缺點是「如果判斷底部支撐的經驗值不足，很容易因為誤判而被『真正的底部』觸及停損出場」。

進場與停損設置範例（四）5309 系統電

　　系統電 5309 在 2020 年 2 月，一度上攻 2016 年的歷史高價 20.8 元，但 COVID-19 疫情出現，將股價打回原形；但疫情發生不到 2 個月的時間，股價就重新攀升至疫情之前的高點之上，復甦的速度相當快。

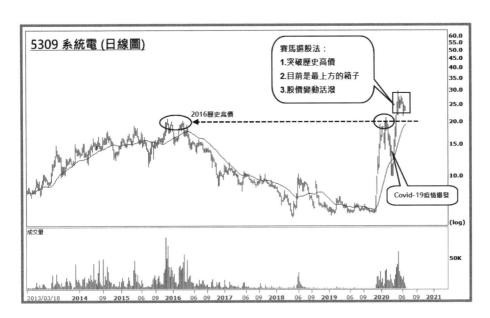

【圖 4-25】賽馬選股法 –5309 系統電

　　如此一個漲勢快速，又在歷史高價之上激烈震盪的股票，正是賽馬選股法想介入的標的！

　　5309 在 2020 年 4 月底出現 BOX-1A，若在突破後按照突破策略進場做多，很快會被停損出場，這代表真正的 BOX1 尚未成形。在停損出場之後，BOX-1B 的頂部也決定了 BOX1 的頂部。

2020/6/9 價格跌破 BOX-1B 底部，跌破 1B 並不是好現象，若再繼續跌破 1A，那就跌得太深，就表示頭部可能成形，有趨勢反轉的可能。

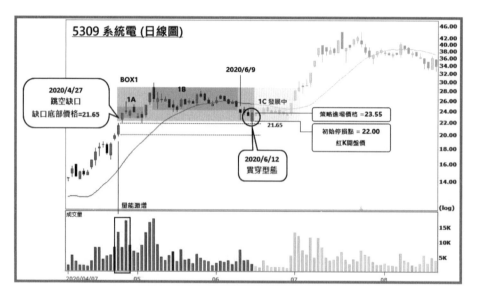

【圖 4-26】箱子底部反彈策略與初始停損點 –5309 系統電

然而 2020/6/9 留下一根長下影線的黑 K，跌勢有被撐住；2020/6/12 開盤開低，且一度跌破 4/27 缺口底部 21.65 元，但沒多做停留隨即反彈向上；最後，收盤在高點且深入到前一根黑 K 線實體一半以上，呈現「貫穿型態」的反轉 K 線組合型態。另一方面，6/12 紅 K 實體下緣，也更新了 BOX1 的底部。

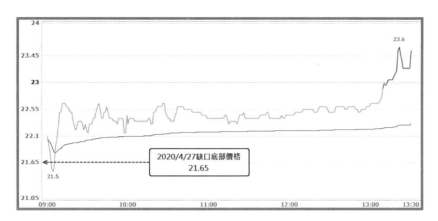

【圖 4-27】2020/6/12 即時走勢圖 –5309 系統電

　　此範例要演示的是，「要留意將價格提升到更高箱子的量能激增紅 K」，因為這些有異常成交量出現的價格區域，都可能是後續走勢的關鍵支撐。

　　按照箱子戰法底部反彈策略，會以 2020/6/12 的收盤價 23.55 元為策略買進價格，初始停損點是紅 K 開盤價 22.00 元。後續價格沒有觸及停損，甚至在（1C）小箱被突破後，股價接著又突破了 BOX1 頂部，往下一個更高的箱子前進。

　　箱子底部反彈策略是比較大膽、積極的策略，但只要有停損的紀律，就僅是一個「已經計算過風險」的交易，只要這個風險你可以承擔，也願意承擔，就是值得進場的機會。

進場與停損設置範例（五）6233 旺玖

　　6233 旺玖在 2020 年 4 月受到疫情重挫，股價一度跌破 10 元，但在 2020 年 7 月重新站回疫情前的歷史高價，並在 2020 年 9 月中爬升更高的箱子區間盤整，就賽馬選股的概念，它是值得觀察的股票。

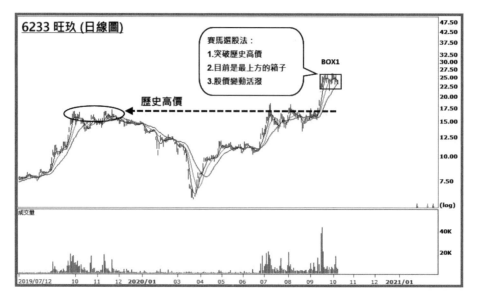

【圖 4-28】賽馬選股法 –6233 旺玖

　　旺 玖 在 2020 年 9 月 成 形 的 第 一 個 箱 子 BOX-1A，在 2020/10/15 出現突破，隔天按照策略進場做多。隔天 10/16 開高走高，收盤卻是以一根長黑 K 結束，並構成「吞噬型態 K 線」組合，此次進場會以停損收場。

　　高價區出現「吞噬型態」，後續走勢會順著第 2 根黑 K 的方向發展，這是非停損不可的型態，而且可以提前預判這會是下一個箱子 BOX-1B 的頂部，無須等到 3 日不破原則成立。（10/16 開高的黑 K 開盤價 28.50 元 = BOX-1B 的頂部）

　　吞噬型態之後，股價下行在 10/29 止跌。要留意的是，10/29 的紅 K 線開盤價低於10/28的黑 K 線最低價，盤中走跌但反彈回升，最終收盤價深入 10/28 的黑 K 實體一半以上，形成「貫穿型態」的反轉型態 K 線組合。

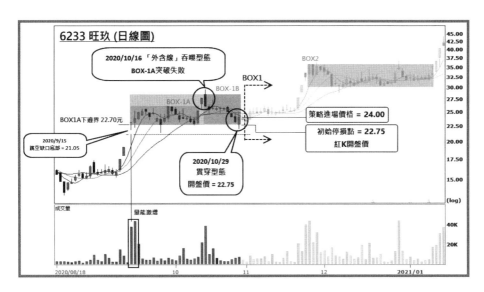

【圖 4-29】箱子底部反彈策略與初始停損點 – 6233 旺玖

　　與 BOX-1A 底部比對，10/29 紅 K 開盤價（紅 K 實體下緣）並沒有比 BOX-1A 底部更低，也就是說 BOX-1B 沒有出現更低的箱子底部，可以將 BOX-1A 包覆在內；此外，當天是留有下影線的紅 K，也顯示 BOX-1A 底部具有支撐效力。總和前述的 K 線組合貫穿型態、BOX-1A 箱底比較，雙重確認之下，無須等到 3 日不破原則成立，可「提前假設」10/29 開盤價就是 BOX-1B 的底部。

　　另一方面，在 BOX1 的發展過程中，千萬別忽略了 2020/9/15 將股價帶入 BOX-1A 的量能激增漲停紅 K。當天留有一個跳空缺口，BOX-1A、BOX-1B 的底部都受到這個缺口的支撐，而且完全沒有要封閉缺口的傾向。

　　綜合上述，在這裡可以採取箱子戰法反彈進場策略，策略買進

價格為 10/29 收盤價 24 元，初始停損點則是 10/29 開盤價 22.75 元。
同時，BOX-1A 與 BOX-1B 可合併為 BOX1，而合併後的頂部與底
部，可做為後續進出場交易的參考依據。

　　6233 旺玖，在 2020 年 12 月又攀升到更高的 BOX2 震盪（區
間 30 ～ 36 元）。

進場與停損設置範例（六）3149 正達

　　3149 正達在 2019 年最高價為 14 元左右，2020 年初受新冠肺
炎影響，股價探底來到 5 元以下，直到同年 8 月中旬過後，成交量
異常增加，是過去一年半未曾見過的，將這支股票列入關注。2020
年 10 月中開始，股價躍升進入一個 14.5 ～ 18 元震盪的箱子，根
據賽馬選股法邏輯，可找尋機會進場操作。

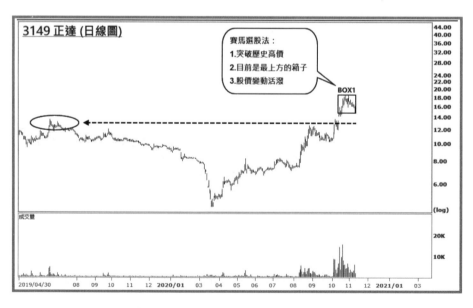

【圖 4-30】賽馬選股法 – 3149 正達

2020/10/15 出現一根跳空開高接著就鎖漲停的紅 K，且當日的成交量約為當時月均量的 3 倍；10/20 又是一根量能激增的漲停長紅 K，現階段可以留意這幾天的開盤價，因為很有可能會是後續震盪箱子的底部。（10/20 開盤價為 14.55 元）

2020/10/26 黑 K 開盤價 18 元，按 3 日內沒有 K 線實體上緣創新高的原則，界定出（1A）的頂部。10/30 一個留下長上影線的黑 K 再次確認了（1A）頂部的壓力。

10/30 之後股價連日走跌，直到 11/11，連續出現多日實體偏小的紡錘線型態 K 線，跌勢趨緩。11/13 股價開低走低，盤中最低跌至 14.25 元，但收盤回升至 14.5 元。隔週第一天 11/16 以 14.55 元開盤，不到 11:00 就確定站上 15 元關卡，12:00 之前就鎖漲停到收盤。

11/16 的長紅 K 不僅實體是近期之最，且幾乎將 11/13 黑 K 實體完全包覆，是個明顯的「外含線」，在此可大膽假設（1B）底部被確認。

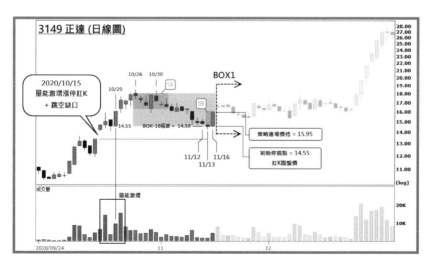

【圖 4-31】箱子底部反彈策略與初始停損點－3149 正達

　　根據「外含線」吞噬型態，以及得到量能激增區紅 K 開盤價格的支持，可在此執行箱子底部反彈買進策略，買進價格為 11/16 紅 K 收盤價 15.95 元，初始停損點為 11/16 紅 K 的開盤價。

　　下圖是 3149 正達在 BOX1 底部，節錄自 11/10~11/18 的 5 分 K 線圖，可以留意 11/13 價格在跌破 14.55 元之後是有重新拉回的意圖，但當日僅收在 14.5 元。下一個交易日 11/16 如果可以盯盤的交易者，在確立 15 元站上之後，是相當棒的進場買進價格。

【圖 4-32】2020/11/10 到 11/18 的 5 分 K 線圖 – 3149 正達

NOTE

4-3

箱子戰法的出場策略

　　箱子戰法的正規移動停損點設置，乃是在走勢拉開足夠的價差且新箱子底部確立的同時，將移動停損點更新設置到「新箱子底部以下一檔的價格」，其設置精神與目的是為了要留給股價震盪的空間，換取可能的再次盤整區間突破。

　　以圖 4-33 的 2303 聯電為例，在 BOX1 被突破後按照策略進場，在回檔沒有觸及初始停損點的情況下一路挺進。假設上漲過程中，交易者皆能捱過每個箱子的震盪，途中都沒有因為信心不足而主觀停損出場，就可以一次又一次完美地將停損移動並安置在一個適當的距離，一切都交由走勢來決定何時該停損出場（這裡所指的停損，其實將是獲利出場）。

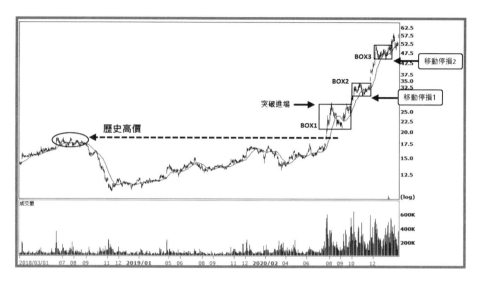

【圖 4-33】箱子戰法,移動停損概念說明(一)

　　就這個範例來說,當最上方、最後成形的 BOX4 底部已經可以確認,此時就該將移動停損點 2 取消,並設置新的移動停損點 3,以因應可能的「金字塔頂部的箱子崩跌」。(參見圖 4-34)

　　假設這個案例最後是跌破移動停損 3 的價位 49.65 元,迫使觸發停損出場,對於整個波段操作來說,本次交易績效漲幅高達 80.5%(進場價格為 27.5 元)。

　　箱子理論要追求的,正是這樣不需要花費太多心思,定時更新停損位置,就能安穩獲利的策略。但交易者真的必須很有耐心,對策略也要有充分的信心。

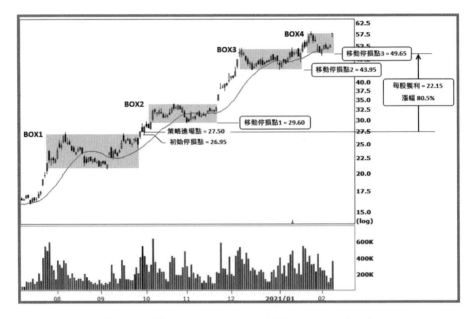

【圖 4-34】箱子戰法，移動停損概念說明（二）

　　更多相關的停損選擇與案例，會在下一章節的波段操作實例中
進行演示與說明。

NOTE

Part 5

【箱子戰法實戰案例】
波段交易篇

用實際案例，手把手教你畫箱
子，教你看懂買點、賣點、停損
點！

5-1

波段操作範例 1 ：
家登 3680

【第一步：選股】

3680 家登，股價在 2015 年 1 月底之後就走跌，長期盤整在 45 元以下（長達 4 年半），直到 2019 年 7 月突破之前的歷史高價。突破後無須追高，因為創高之後總會有拉回整理的時候，走勢在 2019 年 8 月中旬進入盤整。**符合賽馬選股法三大原則：突破歷史高價、位於最上方的箱子、股價跳動活潑**，所以將此股列入觀察。

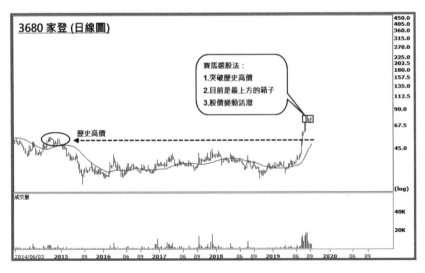

【圖 5-1】賽馬選股法－3680 家登

【第二步：箱子觀察】

　　在進入 BOX1 的盤整之前，2019/8/7 出現了一個量能激增紅 K 並帶有跳空缺口，這個缺口在後續 BOX1 的回檔走勢都沒有被觸及，是個相當有力的 K 線支撐型態。箱子的盤整持續到 2019/9/19 因為一個漲幅 10% 的跳空紅 K 而打破僵局。

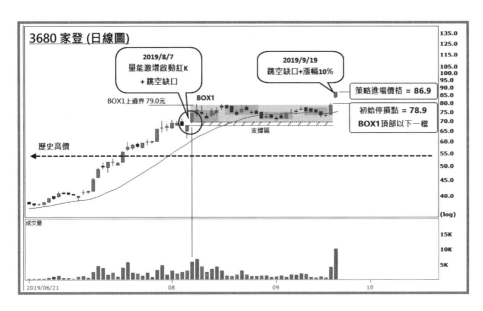

【圖 5-2】歷史高價之上的 BOX1 觀察 – 3680 家登

【第三步：進場 / 初始停損點】

　　根據箱子戰法突破買進策略：策略進場價格 = 86.9 元 / 初始停損點 = 78.9 元（BOX1 頂部以下一檔 79.0 - 0.1 = 78.9 元作為初始停損點）。

【第四步：出場】

● 箱子戰法移動停損

　　隨著股價不斷的推升，並進入更上階層的箱子。根據箱子戰法移動停損的基本原則，只要新的箱子底部確立，移動停損點就會設置在目前最高的箱子底部以下一檔。台股 50 ～ 100 元的股票，每跳一檔是 0.1 元，BOX2 底部以下一檔就是 94.9 元，為【移動停損點 1】；台股 100 ～ 150 元的股票，每跳一檔是 0.5 元，BOX3 底部以下一檔就是 110.5 元，為【移動停損點 2】。同樣的，未來只要 BOX4 的底部一確認，移動停損就要像狗皮膏藥一樣貼上去，確保當箱子被跌破走勢反轉的第一時間，就能帶著獲利出場。

　　BOX4 底部在 10/29 黑 K 出現後 3 天未再創新低，得以確認BOX4 底部 = 120.5 元，將停損點更新到移動停損點 3，也就是BOX4 底部以下一檔 = 120.5 – 0.5 = 120.0 元；11/8 盤中跌破移動停損點 3，按紀律出場，每股獲利 33.1 元，漲幅 38.1%。

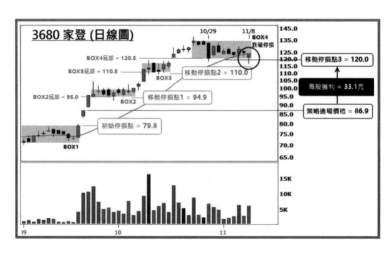

【圖 5-3】移動停損設置 – 3680 家登

在這個範例中，每次箱子突破後價格都很快地拉開，但過程中出現了好幾次的長實體黑 K，如果是每天看盤的散戶，大概少有人可以承受如此的獲利回吐。

箱子理論就是這麼折磨人的策略，散戶如果回檔捱不住，往往就會賣掉小賺出場，就算看到隔天反彈，也不會有勇氣與強心臟，重新把它買回來，甚至只沾沾自喜有賺就好，之後卻又會扼腕於當初怎麼不敢追，目送股價漸行漸遠。

【第五步：等待，觀察再次進場的機會】

以下是停損出場之後，兩個可以再次參與這支股票上漲進程的策略內容與細節說明。

● 停損後，箱子底部反彈策略再進場

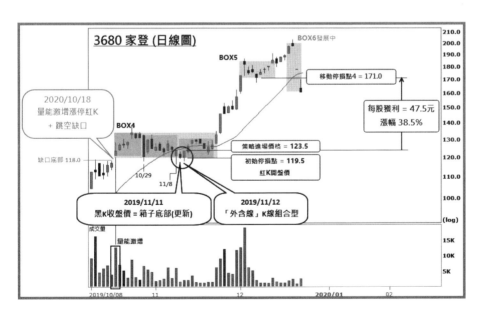

【圖 5-4】停損後再進場，底部反彈策略 – 3680 家登

眼尖的散戶可能會發現，先前 2019/10/29 長黑 K 收盤價所定義的 BOX4 底部，在 2019/11/8 是盤中被跌破的，但當天收盤價有重新站回，很顯然這個 BOX4 底部沒有被更新，而且有支撐效果。

儘管 2019/11/11 收了個黑 K，且黑 K 收盤價又創了新低，BOX4 底部再次下修。11/11 這個黑 K 是個實體很小的紡錘線，顯示走勢陷入膠著的意味，並無法判定後續的方向。

2019/11/12 開平盤 120 元，早盤一度跌落 118 元，最後收高在 123.5 元；在日線圖上，11/12 長紅 K 線實體完全吞噬了 11/11 的紡錘黑 K 線，呈現「外含線」反轉型態 K 線組合，藉此也可以提前研判 BOX4 現階段的底部就是 11/11 的黑 K 線收盤價 120 元。根據箱子底部反彈策略，策略進場價位是 123.5 元，而自動停損價就是 120 元。

股價後續走勢都未再跌破 BOX4 新的底部（2019/11/11 黑 K 收盤價為 120 元），股價在突破 BOX4 之後，價格很快拉開並形成 BOX5（價格區間 171.5 ～ 184.5 元），當這個箱子底部一確認，移動停損就是馬上設置在箱底以下一檔 = 171 元。如圖所示，這個停損設定最後會讓我們停損出場，而此次「箱子底部反彈策略」的進場獲利將是 47.5 元，漲幅 38.5%。

● 停損後，箱子頂部突破策略再進場

11/8 停損後的走勢，其實都沒有再跌破 BOX4 的底部 120 元，表示上漲趨勢尚未被否定，還是可以繼續觀察進場機會。倘若錯過了前述的底部反彈機會，BOX4 的突破買進還是值得參與。

2019/11/25 漲幅 9.77% 的長紅 K 突破了 BOX4，按照突破策

略，策略進場價格 = 146 元，初始停損點 = 134 元。同樣的，按照箱子戰法的移動停損調整停損位置，最終將可以帶著我們獲利出場在 BOX5 底部以下一檔 = 171 元，獲利將是 25 元，漲幅 17.1%

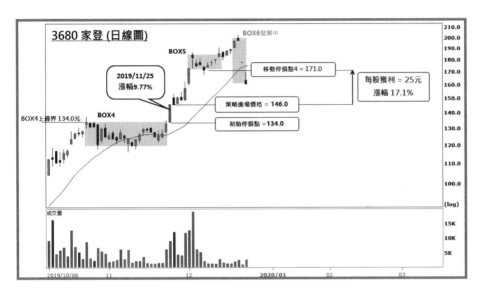

【圖 5-5】停損後再進場，突破策略 – 3680 家登

【依舊滿足賽馬選股法標的，還是可以用箱子理論再進場】

　　最後演示這兩個交易策略內容，主要是要與讀者分享，對於一支尚未出現頹勢的股票，根據箱子理論還是有參與其上漲趨勢的機會，但前提是，進場的同時已經明確清楚初始停損點在哪裡！

　　這兩次的進場，都是以跌破最上層箱子 BOX5 的底部一檔就出場，也就是移動停損點 4 的 171 元。那麼「箱子底部反彈策略」與

「箱子頂部突破策略」兩個策略的獲利結果，分別是 47.5 元與 25 元，都可以幫助我們賺到錢！

【箱子理論可避免趨勢反轉的急速崩跌】

從 2019 年 9 月開始，一次次箱子被突破後，股價皆未曾再跌回突破前的箱子內部，更不用說是跌破箱子底部，BOX5 被跌破其實隱含著先前的那股漲勢已經不再強烈，之後的走勢也證明 BOX6 已經是強弩之末。

2020 年初新冠疫情爆發，就算最後是停損在 BOX6 的底部，箱子戰法還是可以讓人全身而退，避過新冠疫情造成的猛爆下跌。

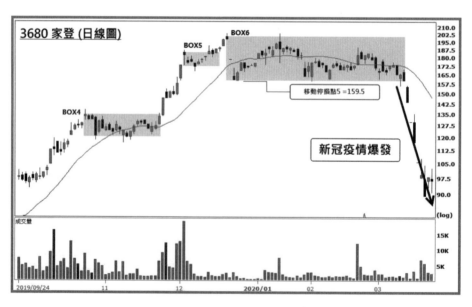

【圖 5-6】跌破箱子就一定得出場 – 3680 家登

NOTE

5-2

波段操作範例 2：
騂訊 6237

【第一步：選股】

6237 騂訊近期歷史高點（約 37 元上下）發生在 2018 年 3 月。2020 年 9 月開始，股價已經超越 37 元，進到 37 ～ 53 元箱子內部震盪，符合賽馬選股法可以開始留意。

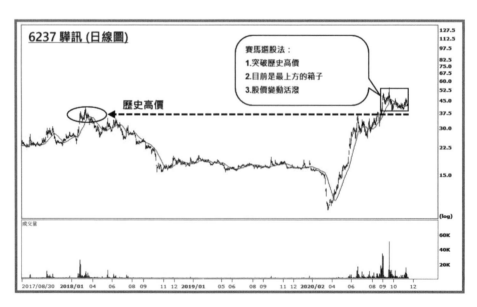

【圖 5-7】賽馬選股法 – 6237 騂訊

【第二步：箱子觀察，進場 / 初始停損點】

BOX1 盤整了快 3 週，在 2020/9/17 出現 10% 漲幅長紅 K，策略買進價格即為當天收盤價 50.6 元，初始停損價 BOX1 頂部以下一檔 49.4 元。結果，隔天 9/18 開高 54 元，最高達到 54.7 元，之後如溜滑梯般的下滑。若是開盤按策略買進，將會觸發初始停損點被迫出場。

參照組合 K 線型態的教學，2020/9/18 的長黑 K 開盤價高於前一根紅 K 的最高價，且收盤價深入第一根長紅線的實體一半以上，是一個極有可能出現反轉走跌的「烏雲罩頂」。

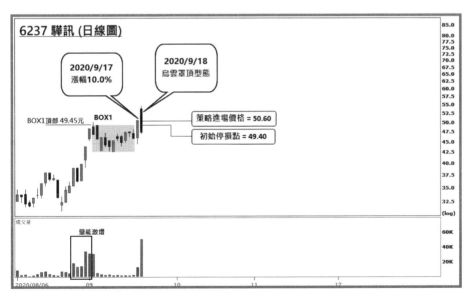

【圖 5-8】箱子觀察，進場與初始停損點（會觸發停損出場）

【第三步：箱子觀察，再進場／初始停損點】

被停損出場之後，股價又跌破 BOX1 底部，這是很不健康的走勢，但既然已經停損出場，也找不到重新進場的理由，就置身事外的觀望著（該賠的，停損後就別去多想，那是交易的成本之一）。

跌勢在 9/25 的長黑 K 之後回彈（且 3 天不破低），因而可以定義出一個新的箱子（2A），而其後發展出的小箱子（2B）、（2C）、（2D），也呈現一個疊著一個、緩緩地上漲著。重點是，（2A）箱子的範圍包含了這些小箱子，顯然（2A）的頂部將是盤勢要突破向上最重要的關鍵壓力。

2020/12/18 一根 9.9% 漲幅紅 K 突破了（2A）箱子頂部，也正是整個合併的 BOX2 頂部。根據箱子戰法：策略進場價格 = 56.6 元／初始停損點 = 53.9 元（BOX2 頂部以下一檔），這次突破之後，價格未再跌回 BOX2 的範圍之內（突破策略最喜歡看到的好現象），稍微盤了幾天就拉出價差，圖中最高點漲到 85 元。

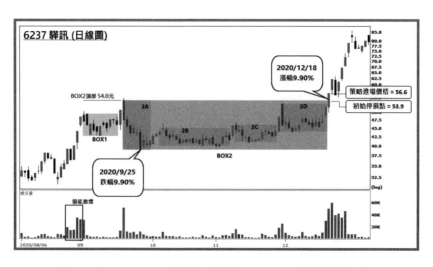

【圖 5-9】BOX1 突破進場被停損，BOX2 才是關鍵的箱子

【第四步：出場】

價格突破 BOX2 後，下一個盤整的箱子是 BOX3。在 BOX3 還沒有完整成型，也就是它的底部可以被確認之前，是否僅能堅守初始停損點？如果真的拉開獲利，能否減少獲利的回吐？盡可能賣在接近高點的價位？

2020/12/24、12/25 這兩天出現的上升缺口，都可以是 BOX3 成形之前的停損選擇。12/24 上升缺口的底部可設置為第一次的移動停損點 61.4 元（2020/12/23 的高點位置）；隔天，12/25 上升缺口的底部又可設置為第二次的移動停損點，也就是 2020/12/24 的高點位置 = 67.1 元。如此一來，無論之後 BOX3 的底部會成立在哪個價位，這 2 個根據 K 線型態設置的停損點，可以使我們好整以暇地確保口袋中既有的獲利，避免可能的漲勢反轉導致獲利回吐。

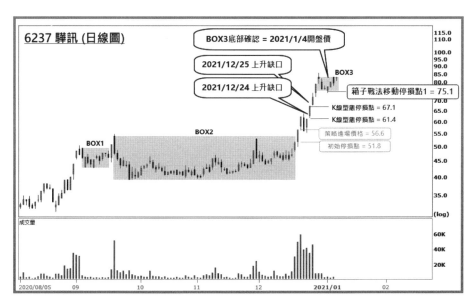

【圖 5-10】根據 K 線型態，提前預設移動停損點（不必等到新箱子成形）

　　BOX3 底部確認是 2021/1/4 的紅 K 開盤價 75.2 元（3 日不破原則），按照箱子戰法的移動停損原則，箱子底部以下一檔 75.1元成為策略的移動停損點 1（取代了原本的移動停損點 67.1 元）。

　　2021/1/8 跳空開低在 76 元，盤中跌破 75.1 元最後收在 74.7 元，按照紀律盤中就要停損出場，獲利 18.5 元。結果，下一個交易日1/11 卻平盤開出 9.91% 的長紅 K。一定有散戶會拍桌：「就知道不該停損，明明還沒跌破 2021/1/4 的最低價！箱子戰法這樣定義箱子一定有問題，才會讓我賠錢還沒賺到！」

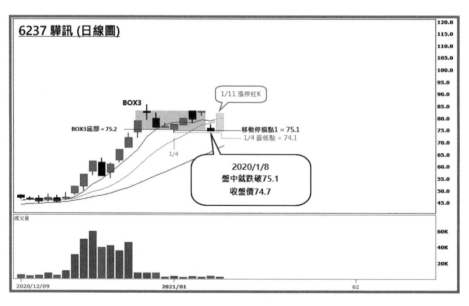

【圖 5-11】出場在箱子戰法的移動停損點（箱子底部以下一檔）

　　但我的箱子是這樣畫，我的紀律就是這樣執行。讀者當然也可以有自己畫箱子的方法，畫出更大的箱子（例如，採取計入上下影

線的方式），如此一來，1/8 不需要停損出場，就可以繼續持有股票，就有機會參與這根長紅 K 帶來的狂喜。

但是，這都是散戶一廂情願、事後諸葛的想法，我的策略就是這樣畫箱子，我就得堅持這套原則，沒有例外，也不該有例外。沒有人可以知道明天的股價會漲會跌，這本書之前提供的案例，根據 K 線實體所繪製的箱子，讓我們提前出場減少損失，那納入影線畫箱子的人是不是又覺得，也該跟我一樣，不該納入影線，就可以少賠一點？

箱子的畫法可大可小，但你只要確立了如何繪製你的箱子，也用歷史回測的方式，驗證過這樣的方法確實可以讓你長期下來是賺到錢，那麼在實際交易執行的過程中，你就該對你的策略保有信念。

【第五步：觀察再次進場的機會】

延續圖 5-11，外含線型態證實 BOX3 底部支撐有效，雖然這根紅 K 漲幅實在很高，若按照紅 K 收盤價進場，則預設的停損幅度就是 -9.9%，若不想承擔這樣的風險，就少量試單，等行情看對，再加碼也不遲。

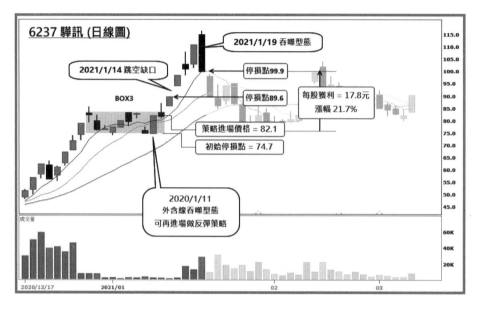

【圖 5-12】根據 K 線型態，提前預掛移動停損點（不必等到新箱子成形）

　　若根據箱子底部反彈策略的設定，再次進場的價格將會是 2021/1/11 收盤價 82.1 元，而初始停損點的位置就是 1/11 開盤價 74.7 元。

　　箱子理論是個突破追高的理論，隨時隨地逮到機會就要調整停損點，但要切記，必須是「有意義的停損點」。沒有人可以每次都賣在高點，但務必要設定好一個合理的停損點，一方面可以保持一個適當的價差去承受波動，另一方面在交易心態上可以比較輕鬆（沒有這種不切實際的遐想，預期要賣在最高點）。

　　所以，在 2021/1/19 出現吞噬型態之前，停損點的設置還是停留在 1/14 挑空缺口的底部；但當 1/19 出現帶量的吞噬型態之後，

對做多者而言，這是相當不好的 K 線組合型態，隔天可以先全部停損出場！（此為主觀停損點，請讀者自行斟酌，本書主要還是倡導箱子戰法的停損原則，讓市場帶我們出場。）

　　從圖面上刻意淡化的後續走勢可以看出，在吞噬型態之後，價格走跌並回到 BOX3 之內，雖然 BOX3 底部有支撐，但整體的波動範圍變大，勢必會進入一個更大型的整理區間箱子。無論是主觀停損在 99.9 元，或是停損在移動停損點 89.6 元當中的任何一個，都已獲利出場，並提前將資金抽回。

　　接下來，你可以選擇繼續觀察這檔股票，或是將資金挹注到更好的標的去！

5-3

波段操作範例 3：
力旺 3529

【第一步：選股】

　　3529 力旺，在 2019 年 4 月股價最高達到 405 元左右，之後的一年內股價未曾超過 400 元，在新冠肺炎爆發初期，股價甚至跌到僅剩 160 元左右。但在 2020 年 7 月，當大盤剛回到疫情前的高點，力旺已經在歷史高點之上震盪著，符合賽馬選股法的條件，將其列入觀察名單。

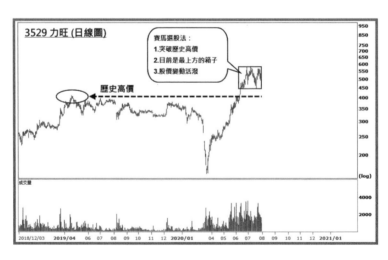

【圖 5-13】賽馬選股法 – 3529 力旺

【第二步：箱子觀察】

　　BOX1 內含兩個小箱子，但這個案例是打算進場做多，儘管第一個小箱子被跌破，但因為尚未進場，我們就是持續觀察、持續畫箱子，等到最後的 BOX1 箱子頂部、底部都確認後，再開始密切留意突破買進的機會。

【第三步：進場 / 初始停損點】

　　2020/8/4 一根 10% 長紅 K 突破了 BOX1，根據箱子戰法：策略進場價格 = 583 元，初始停損點 = 565 元。

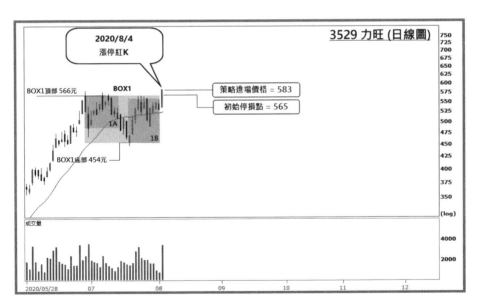

【圖 5-14】箱子觀察，突破進場與初始停損點

【第四步：出場／移動停損點】

其後的走勢不符期待，沒有很快地拉出價差，在 8/7~8/11 出現黑 3 兵 K 線組合型態；8/11 跌破初始停損點，收盤價跌回 BOX1 內部。「黑 3 兵 + 跌回原箱子 → 停損出場，收回資金，保守以對」，諸多訊號已經告訴你，這次的突破其實沒有那麼強。

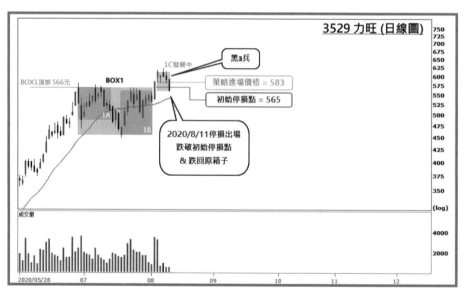

【圖 5-15】盤中跌破初始停損點，收盤價跌回原箱子

【第五步：箱子觀察，再進場／初始停損點】

後續走勢下行，在 2020/9/7 出現一根跌幅 9.37% 的長黑 K，但它的最低價並未觸及前低 454 元，最後收在 459.5 元。這支大黑

K 看似嚇人，但是沒人可以知道後續的走勢，誰也不能預設明天一定會繼續跌，抑或會觸及 BOX1 的底部然後反彈，眼下它就是一根大黑 K 而已。

2020/9/8，開盤價開低在 456 元，盤中一度跌至 446 元（跌破 BOX1 底部 454 元），若手上有持股，看到這樣的跌法一定相當恐慌，但我們此時是空手，就可以繼續等待觀察。當天最後收高在 483 元，深入前一天黑 K 實體將近一半，形成「貫穿反轉型態」。

由於有（1B）底部支持與這個貫穿型態訊號，進場執行「箱子底部反彈策略」。根據箱子戰法：策略進場價格 = 483 元 / 初始停損點 = 453.5 元。

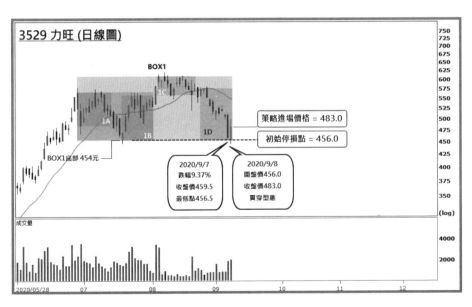

【圖 5-16】停損後再進場，箱子底部反彈策略

【第六步：出場 / 移動停損點】

　　底部反彈策略進場之後，移動停損的設置，除了一些比較特殊的 K 線型態要留意（例如跳空缺口），其實移動停損的設置原理都是一樣的，就是「只要有新箱子成立，移動停損就是貼上去，設置在底部以下一檔」。

　　按照這樣的原則，在底部反彈進場之後，每一次當新的小箱子底部出現（莫忘 3 天不破原則），都可以馬上把移動停損設置在其下一檔位置，如圖中所示的移動停損點 1 與移動停損點 2。

　　但箱子戰法最想做到的，是衝破盤整區後的飆升段，且最好一去不回頭。所以，當股價在 10/22 突破 BOX1 頂部（此時的 BOX1 是一個將近 3 個月之久的盤整區），是可以樂觀看待突破後的表現。但不能忘記移動停損點的設置，可以將「箱子突破策略的初始停損點」，轉換成一個下一個移動停損點 3 = 609 元。

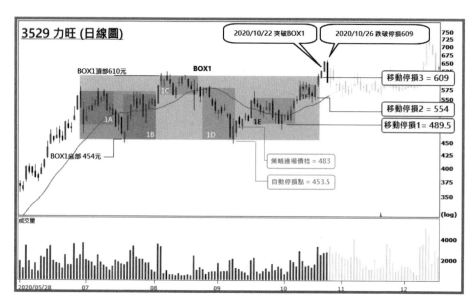

【圖 5-17】底部反彈策略的移動停損點

突破後再次出現創高就拉回，且跌回 BOX1 內部，最終的出場位置，會是在 2020/10/26 跌破移動停損點 3 = 609 元。本次進場獲利 609 - 483 = 122 元，漲幅 26.1%。

3529 力旺股價趨勢向上是肯定的，但或許是股性使然，操作這支股票時，如果每次都去抓突破，想做一個波段，按照箱子戰法的停損設定，將會遭遇不斷停損的狀況。如果遇到這樣的股票，盡可能去做上漲趨勢的拉回買進，是不是能有更好的獲利績效？這值得讀者去思考。

但是，台股市場共有 1700 多支股票，想要找到 CP 值高、走勢又比 3529 力旺漂亮的股票並不難，與其糾結在一支股票，倒不如把時間花在選擇下一支標的，會是更正確的決定。

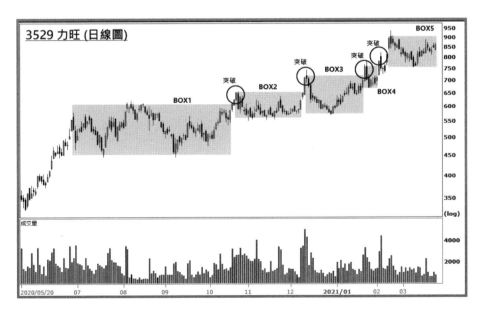

【圖 5-18】緩漲向上的「疊箱」- 3529 力旺

5-4

波段操作範例 4：
聯電 2303

【第一步：選股】

參閱 Part 4 的「箱子頂部突破買進策略」小節，見圖 4-16。

【第二步：箱子觀察】

2303 聯電在站上歷史高價之後，第一個箱子盤整成形在 21.90~23.85 元。2020/8/4 開盤跳空開高也走高，但最後是收黑 K 在 24.55 元，漲幅僅有 3.15%。按照箱子理論，收盤價突破箱子頂部。我的箱子理論開宗明義就只做紅 K 突破，所以不參與這次的突破。

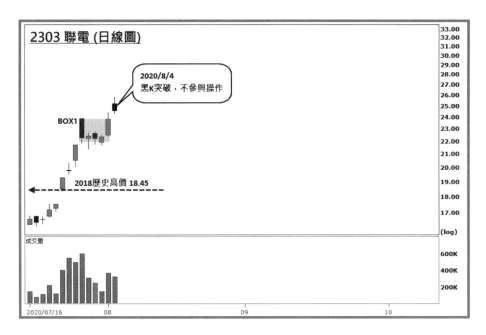

【圖 5-19】箱子觀察，突破進場與初始停損點

【第三步：箱子觀察，進場／初始停損點】

「看不懂的股票不要做」就是這麼簡單。台股1700檔，總有一檔有更好的進場點、更好的停損選擇，完全不用單戀一枝花，糾結在一支股票，就算它曾經讓你賺過錢，也千萬不要執著。要記住，錢拿在手上，就有發球權，而且機會永遠都在！繼續看下去就好。

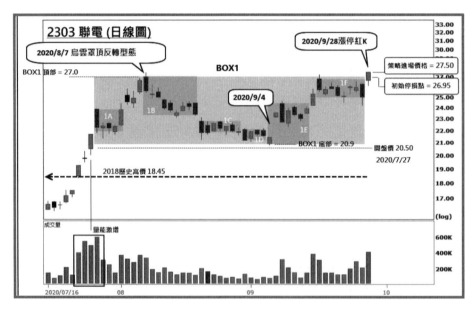

【圖 5-20】箱子再觀察，突破進場與初始停損點

　　經過一番波折起伏，完整的 BOX1 波動範圍，是直到 2020/9/4 的開低卻走高的紅 K 之後才被確認（對應到 2020/7/27 長紅 K 實體底部，沒有跌破 20.5 元，長紅 K 確實有發揮支撐效力，成交大量區的開盤價格真的要留意）。之後 3 天內不創新低原則，確認 9/4 紅 K 開盤價 20.9 元是 BOX1 的底部。

　　2020/9/28 漲停紅 K 突破，策略進場點 = 27.5 元，BOX1 頂部以下一檔是初始停損點 = 27.00 - 0.05 = 26.95 元。

【第四步：出場】

　　突破後，價格沒有跌回 BOX1。2020/10/8 一根跳空開高且漲

幅 9.15% 紅 K 大幅拉開價差。當天收盤後,可以將一開始的初始
停損點 26.6 元上移到跳空缺口底部 29.6 元。(後續不管如何發展
可以確保每股 2.1 元的獲利不會回吐。這次進場,是立於不敗之地
的交易,移動停損 1 = 29.6 元)

　　10/12 開高走低的黑 K 開盤價 32.45 元,定義了 BOX-2A 頂部
(之後 3 天內 K 線實體未創新高); 10/16 的黑 K 收盤價 30.65 元
在 3 天內 K 線實體未再破低之後,可視為 BOX-2A 的箱底;可以
先將跳空缺口底部 29.6 元上移到 BOX-2A 的底部以下一檔 30.6 元。
(可確保每股獲利 3.1 元,移動停損 2 = 30.6 元。)

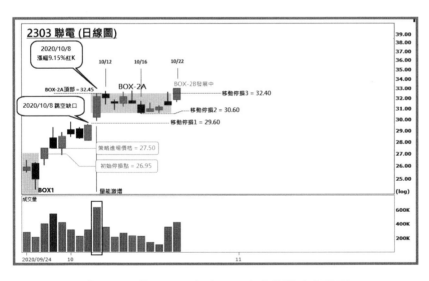

【圖 5-21】BOX1 突破後,移動停損點之設置

　　10/22 漲幅 5.26% 紅 K 突破了 BOX-2A,根據箱子戰法,最上
方的箱子被突破後,股價都不該跌回去,所以 BOX-2A 頂部以下一

檔 32.45 − 0.05 = 32.4 元可設定為移動停損 3。10/23 創高之後下跌（之後 3 天未創新高，BOX-2B 頂部可確認）；11/2 跌破移動停損 32.40 元停損出場。每股獲利 32.4 - 27.5 = 4.90 元，漲幅（4.9/27.5）x 100% = 17.8%。

BOX-2B 頂部出現後，接著要找出底部，11/2 黑 K 盤中跌破 29.6 元到 29.4 元，但它的收盤價 29.65 元重新站上 10/8 跳空缺口底部（缺口未被封閉）。在 K 線的解讀上，10/8 的跳空缺口並沒有被封閉，依舊是有效支撐，後續走勢依舊可以參考 29.6 元的價位。

在 BOX-2B 底部確認後，可以將 BOX-2A 與 BOX-2B 合併為一個更大的 BOX2 去思考，它「可能是」關鍵箱子，之後若再有突破，要突破 33.8 元才有意義；若再有跌破，要跌破 29.65 元才需要擔心趨勢轉向。因此，聯電現階段還是被視為在最上方的箱子內活潑震盪著，依舊充滿能量。

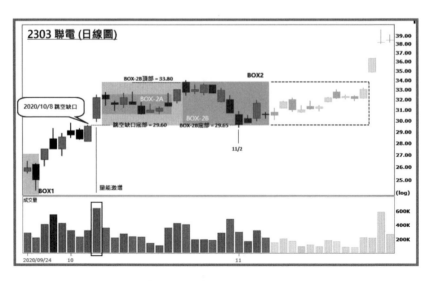

【圖 5-22】BOX2 的形成

【第五步：箱子觀察，再進場／初始停損點】

● 箱子底部反彈進場策略

11/2 黑 K 盤中跌破跳空缺口底部，但收盤站回；11/3 黑 K 收盤價29.8元沒有低於29.65元；可以「提前」假設BOX-2B底部形成，2020/11/4 漲幅 6.21% 紅 K，收盤在 31.65 元，若要嘗試在 BOX2 低點反彈進場做多：策略進場點 = 31.65 元／初始停損點 = 30.20 元。

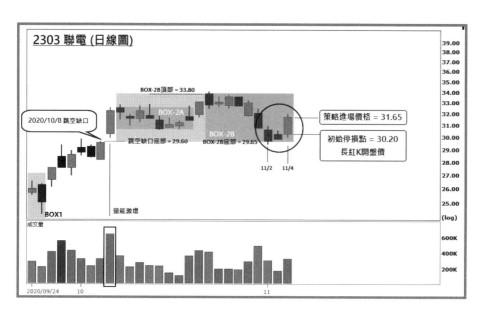

【圖 5-23】底部反彈策略：再次進場／初始停損掛點

● 箱子頂部突破進場策略

BOX2 是最上方箱子，突破箱頂就是買進時機。2020/11/23 跳空開高漲停紅 K 突破 BOX2（跳空缺口的漲停紅 K，是很有力量的突破）。策略買進價格是紅 K 收盤價 36.35 元，初始停損點是 BOX2 頂部以下一檔 = 33.75 元。

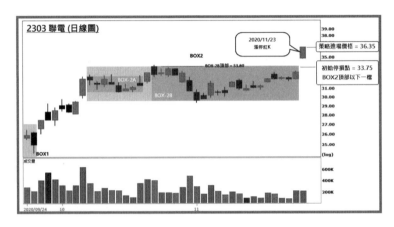

【圖 5-24】頂部突破策略：再次進場 / 初始停損掛點

【第六步：出場，移動停損點】

由 BOX-2A 與 BOX-2B 共同構成，盤整快 2 個月的 BOX2，以跳空漲停突破後果然氣勢不凡，很快就拉開了價差且不斷更新 K 線實體高點。

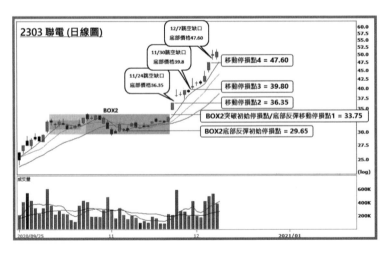

【圖 5-25】出場 / 移動停損點

2020/11/24 開盤跳空收盤價創高，所有策略皆取消前一個停損點，改為防守在移動停損點 2 = 跳空缺口底部 36.35 元；2020/11/30 開盤跳空收盤價創高，所有策略皆取消前一個停損點，改為防守在移動停損點 3 = 跳空缺口底部 39.8 元；2020/12/7 開盤跳空收盤價創高，取消前一個停損點，改為防守在移動停損點 4 = 跳空缺口底部 47.6 元。

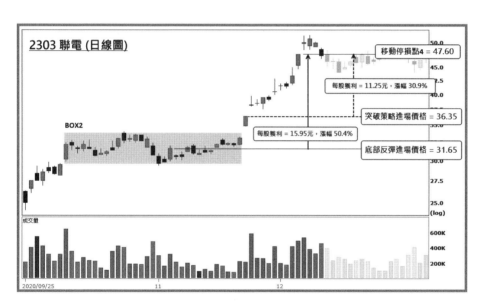

【圖 5-26】不同策略的獲利結果

● 突破進場策略

策略進場點 = 36.35 元 / 初始停損點 = 33.8 元 / 出場點（移動停損點 4）= 47.6 元

每股獲利 47.6 - 36.35 = 11.25 元，漲幅 30.9%

● 底部反彈策略

策略進場點 = 31.65 元／初始停損點 = 29.65 元／出場點（移動停損點 4）= 47.6 元

每股獲利 47.6 – 31.65 = 15.95 元，漲幅 50.4%

12/7 的缺口符合竭勁缺口的定義，它在很短的時間內就被封閉，有行情接近尾聲的意味。但是，箱子理論是根據最上方箱子的跌破，才會對趨勢反轉產生戒心。當時的反轉僅能視為是 BOX3 頂部確立，完整的 BOX3 還沒成形，若僅是根據缺口被封閉而判定趨勢反轉，有點言之過早。

承上所述，雖然 2020/12/10 在相對高的回檔價格出場，但聯電的上升趨勢並未出現頹勢，還是可以觀察、找尋機會進場。

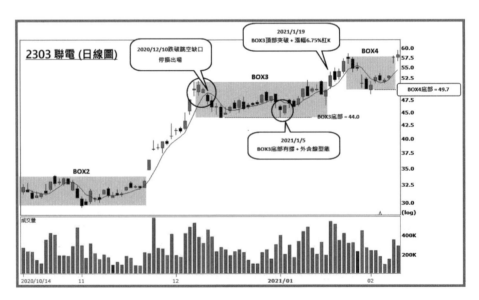

【圖 5-27】上漲不見頹勢，進場機會依舊在

5-5

波段操作範例 5 ：
鈊象 3293

【第一步：選股】

箱子戰法主要鎖定的股票，不是那些趴在谷底正在奮力上爬的股票，而是突破歷史價位，表現出企圖心的股票。如此一來，在整個上漲的過程中，因為掙脫了歷史高點的束縛，前方一片萬里無雲，更能讓我們賺到波段的利潤。

3293 鈊象，在 2019 年就走出這樣的走勢。鈊象最近的歷史前高約莫是 195 ～ 200 元，發生在 2018 年 5 月底，更往前一個歷史高點是 315 ～ 320 元，發生 2016 年第 2 季。

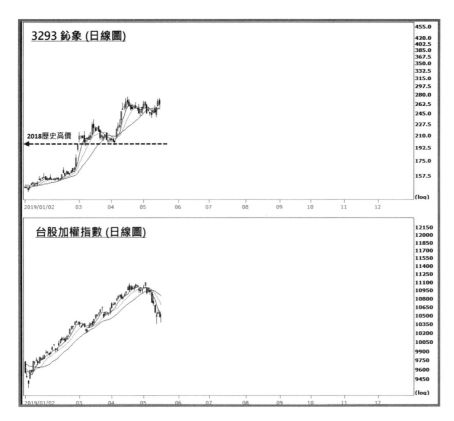

【圖 5-28】2019 年 4-6 月鈊象股價走勢與同時期大盤走勢比較

　　2019 年 4 月～ 6 月，鈊象股價在 235 ～ 275 元盤整，很多散戶或許會認為這樣的價格已經很高，實在不應該追高。但箱子戰法就是要找這樣的股票，因為它已經征服了 2018 年的高點，甚至爬上更高一層的箱子在震盪著；此外，對比當時的台股大盤從 11,000 跌到 10,200，鈊象表現相對穩健，更讓人對其之後的發展有信心。

　　所以，根據賽馬選股法，以及與大盤指數的對比，我們會去介入操作圖中框起的震盪箱子 BOX2 ！

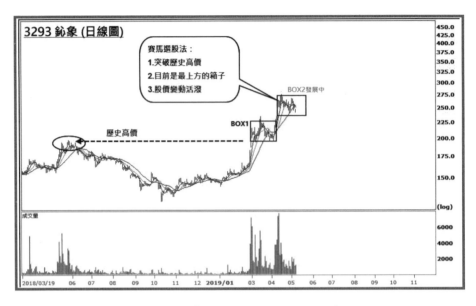

【圖 5-29】賽馬選股法 – 3293 鈊象

【第二步：箱子觀察，進場 / 初始停損點】

　　大部分對於箱子理論的探討，都可以「事後諸葛」大筆一揮，畫出一個超級完美、一被突破股價就噴出的大箱子，但其實散戶不可能總是逮到這麼完美的箱子。一個完美的箱子，若深入去看，可以畫出更多小箱子在裡面；初期的小箱子突破或是觸底反彈，都可能會誘導我們想進場交易，但只要遵照「看錯，就停損出場」的最高指導原則，讓資金重回手中，不僅奪回發球權，還可以省去每天提心吊膽的煩擾，這就是你改變看待停損的角度後將得到的收穫。

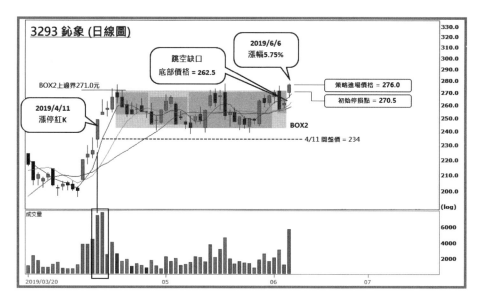

【圖 5-30】箱子觀察，進場與初始停損點

　　根據箱子戰法，策略進場價格 = 276 元，初始停損點 = 270.5 元。值得留意的是，6/6 漲幅 5.75% 的突破紅 K 還帶有一個上升缺口，這是突破進場最喜歡的 K 線型態，上漲力道強。

【第三步：出場 / 移動停損點】

　　股價突破 BOX2 之後，2019 年 6 月中旬進入 300 ～ 320 元的盤整 BOX-3A。根據 3 日不破的原則，BOX3 的頂部是由 6/19 紅 K 收盤價 320 元界定，底部則是由 6/21 黑 K 開盤價 305 元界定。當 BOX-3A 底部確立後，立刻就要將移動停損點移動到 BOX-3A 底部以下一檔，也就是 304.5 元進行防守。

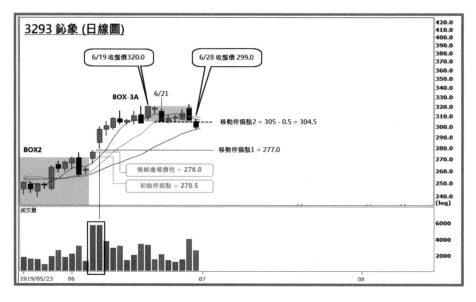

【圖 5-31】出場在箱子戰法的移動停損點（箱子底部以下一檔）

　　大約一週後的 6/28，盤中跌穿 304.5 元，但最終收盤在 299 元，正式確認 BOX-3A 箱子被跌破了。本次進場獲利 304.5 − 276 = 28.5 元，漲幅 10.3%。

【第四步：箱子觀察，再次進場 / 初始停損點】

　　在跌破 BOX-3A 之後，直到 2019/7/3 出現「外含線反轉型態」，股價止跌。7/3 紅 K 開盤價 293 元也成為 BOX-3B 的底部（3 日不破原則也支持外含線的 K 線訊息）。在界定出 BOX-3B 底部後，下一步就是找出 BOX-3B 的頂部，當股價慢慢爬升到 320 元，7/16 再次出現了「外含線反轉型態」，依據 3 日不破原則，7/16 黑 K

開盤價被界定為 BOX-3B 頂部，後續價格壓回至 310 元附近微幅震盪。

　　BOX-3B 與 BOX-3A 可以合併成為 BOX3，可做為後續進場策略的規劃依據。

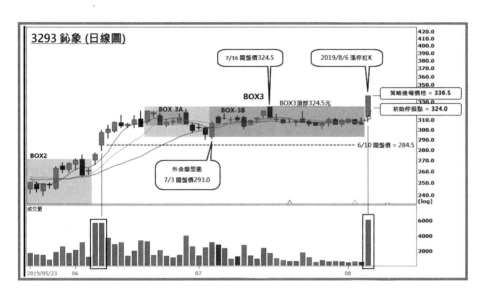

【圖 5-32】BOX-3B 的成形：頂部與底部的界定

　　2019/8/6 從 BOX3 箱體中間以上的價格開盤，最後形成一支漲停長紅 K 突破了 BOX3。按照突破策略買進，策略買進價格為當天收盤價 336.5 元，初始停損點為 BOX3 頂部以下一檔 = 324.5 - 0.5 = 324 元。

【第五步：出場 / 移動停損點】

突破 BOX3 的隔天，又是漲停長紅 K 帶有跳空缺口，停損立刻跟上，並設置移動停損 1 在 8/6 最高價 336.5 元；之後，再一次的跳空缺口發生在 8/12，可再將移動停損 2 設置在 8/8 最高價 374元。

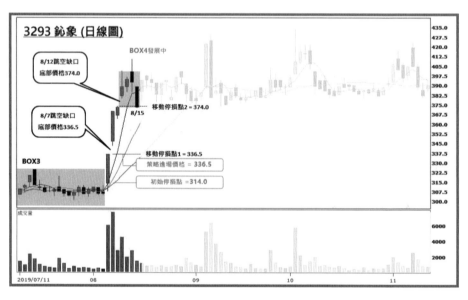

【圖 5-33】移動停損設置與 BOX4 的形成

如同前面所說，本書不會以事後諸葛的角度去檢討走勢圖，因為沒有人可以預料到每天價格會如何變化，散戶在市場中的每一天都如同身處五里霧中，看不見下一步。但是，只要我們有移動停損點在下方像一張安全網保護著資金，又能有所依據的給予走勢發展

空間，就算身處五里霧中，依然可以安心入睡、好好上班。

停損未被觸及，往上拉開價差，讓我們又可以往上設置移動停損，那要感謝市場，給我們多賺一點錢的機會；如果被停損出場，一樣要感謝市場，還是讓我們賺到該賺的部分。

所以，在BOX4底部尚未成形之前，移動停損2就是我們的保護傘，這道保護傘也讓我們在8/15盤中停損出場。然而，8/15停損出場後的收盤價，卻也正是BOX4的底部確立，之後3個月再也沒比這更低的價格出現過。你可能會說，哎呀，如果沒有在8/15停損出場，就有機會賣在430元以上的高價，好可惜！

但是，這樣的想法並不足取。因為，8/15跌穿移動停損點2而出場的決定，就是當時最正確的決定，若事後看到走勢來質疑先前的做法，這代表你缺乏信念、搖擺不定，在市場中依然心存僥倖，存有凹單的念頭。

結算本次進場獲利 374 - 336.5 = 37.5 元，漲幅 11.1%。

5-6
波段操作範例 6：
圓剛 2417

【第一步：選股】

　　2417 圓剛在 2020 年初股價好不容易重回到 2019 年的歷史高點水準，但碰到新冠肺炎疫情爆發，被打回原形。不到 3 個月股價就恢復到疫情前的水準，而且 2020 年 6 月開始出現不尋常的成交量，將股價一舉推升到 22 ～ 27 元震盪著。

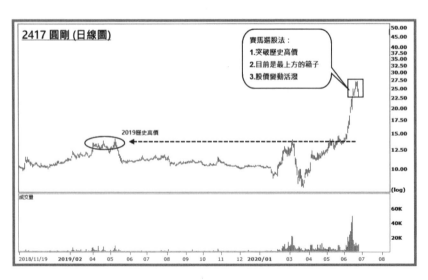

【圖 5-34】賽馬選股法：2417 圓剛

【第二步：箱子觀察，進場／初始停損點】

BOX1 的頂部是由 6/18 收盤價 26.9 元界定（3 日不破原則），BOX1 的底部則是由 6/24 黑 K 開盤價 23.2 元界定。進入 BOX1 之前的 6/12 量能激增漲停紅 K 開盤價 20.5 元，以及隨後的跳空缺口底部 22.85，都要格外留意，6/23 黑 K 盤中一度跌落 22.8 元就是在這兩個價位之上獲得支撐。

2020/6/30 漲幅 8.01% 並帶有跳空缺口的紅 K 突破了 BOX1，按照突破進場策略買進價格為 29 元，初始停損價格是 BOX1 頂部以下一檔 = 26.85 元。

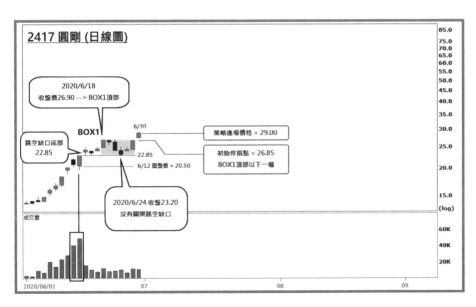

【圖 5-35】BOX1 的形成與關鍵價格

【第三步：出場／移動停損點】

這個範例我就不逐一標註所有可以做為移動停損的價格，請各

位讀者打開慣用的看盤軟體，然後按圖索驥一個一個練習設置吧！
所有的原則在前面 5 個實戰範例都已經演示過，只要各位一直都有
跟上學習的腳步，相信一點都不困難才是。

　　BOX1 之後的 BOX2 盤整了快一個月，2020 年 8~9 月是上升
階段，僅在中間短暫盤整了 5 天就繼續往上前行。比較特別的是，
成交量卻是縮減的，呈現「價量背離」的現象，回顧前面價量章節
的學習內容，在高價區出現此現象，之後出現下跌的機率高，若手
上有持股要開始警戒。

　　果然，在高價區的 9/7 一根跌停長黑 K，完整包覆了前面的 3
根小紅 K，是不折不扣的「外含線」反轉型態，接著股價一路下跌，
成交量也暴增，又是我們最不樂見的「價跌量增」現象，真是雪上
加霜。在本書截稿前，2417 圓剛的股價在 2 月底約是在 40~50 元
之間震盪，但整體的走勢呈現緩跌向下。

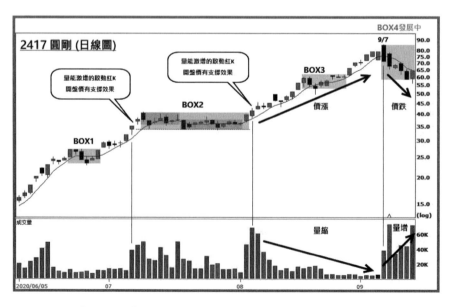

【圖 5-36】BOX1 突破之後的股價走勢 – 2417　圓剛

附錄
【動手練習畫箱子】

學習如何畫箱子，是「箱子戰法」
的基本功。因為：
會畫箱子，才能看出走勢端倪；
會畫箱子，才能明辨支撐壓力；
會畫箱子，才能辨別關鍵 K 線！

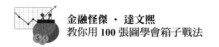

◎ 6-1 畫箱子練習 1

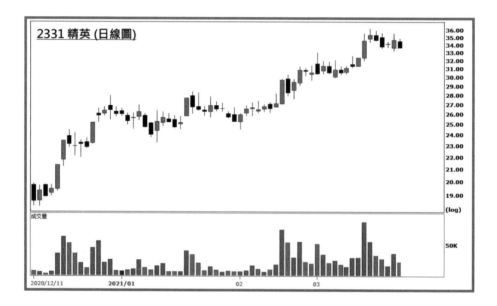

◎ 6-2 畫箱子練習 2

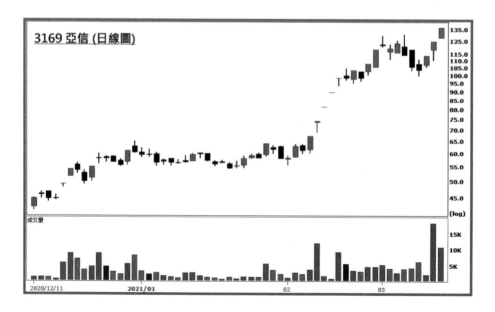

6-1 解答

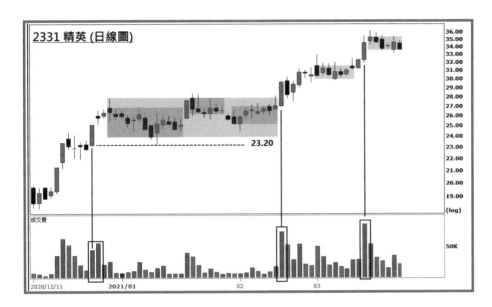

6-2 解答

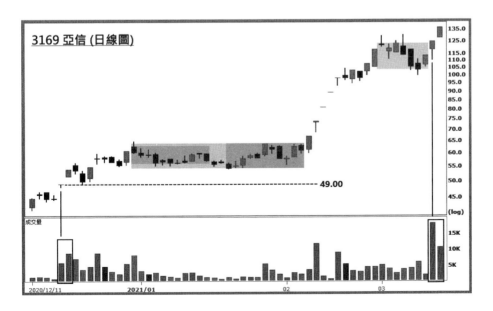

◎ 6-3 畫箱子練習 3

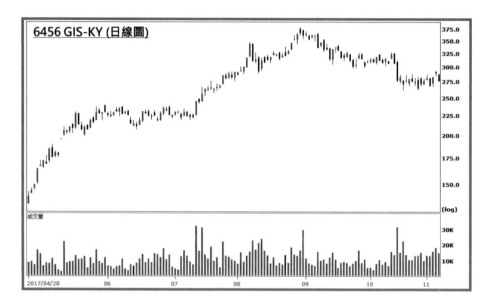

◎ 6-4 畫箱子練習 4

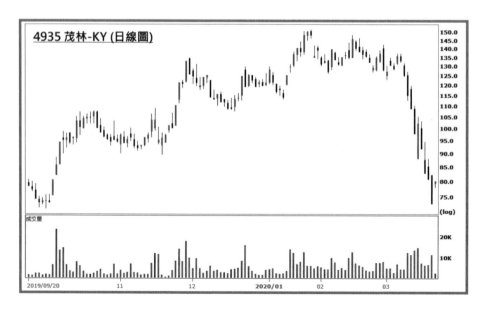

6-3 解答

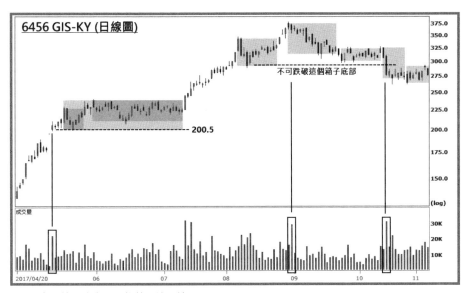

* 從最上層箱子的崩塌,趨勢開始反轉

6-4 解答

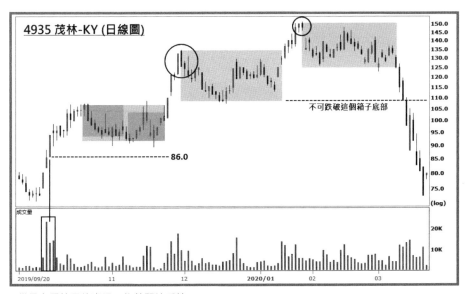

* 從最上層箱子的崩塌,趨勢開始反轉

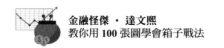

◎ 6-5 畫箱子練習 5

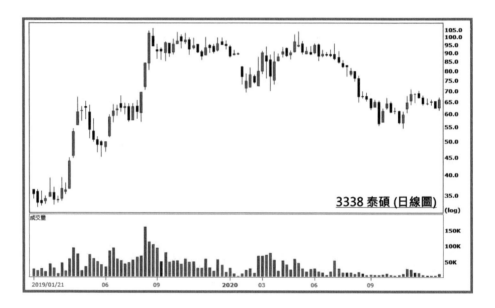

3338 泰碩 (日線圖)

◎ 6-6 畫箱子練習 6

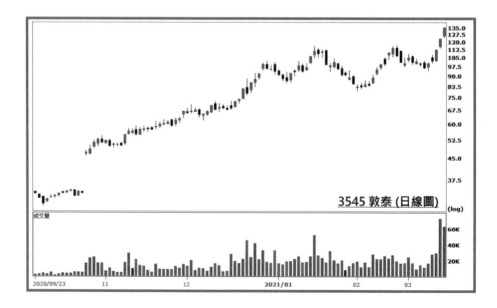

3545 敦泰 (日線圖)

6-5 解答

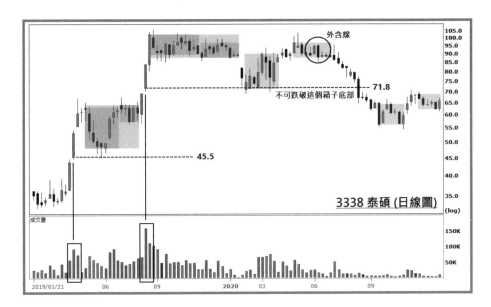

6-6 解答

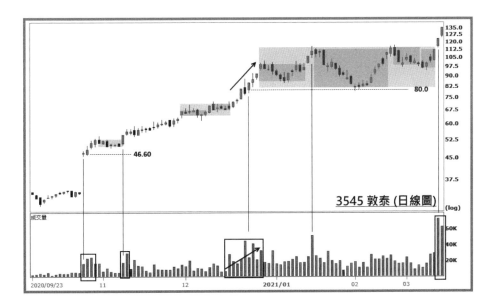

◎ 6-7 畫箱子練習 7

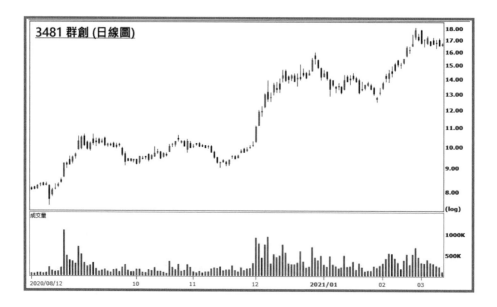

3481 群創 (日線圖)

◎ 6-8 畫箱子練習 8

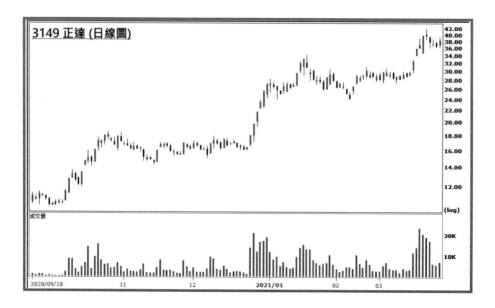

3149 正達 (日線圖)

6-7 解答

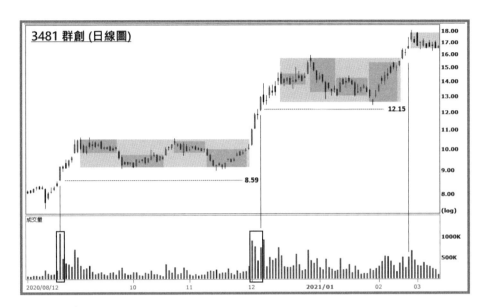

6-8 解答

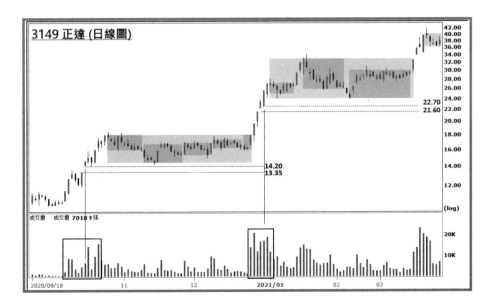

參考書目

Darvas, Nicolas, How I Made $2,000,000 in the Stock Market. Secaucus, N.J. : Lyle Stuart, Inc., 1986

Darvas, Nicolas, Wall Street : the Other Las Vegas. New York : Lyle Stuart, 1964

NOTE

國家圖書館出版品預行編目（CIP）資料

金融怪傑・達文熙教你用 100 張圖學會箱子戰法：傳承 60 年經典理論，融合台股贏家思維，散戶一學就會的交易 SOP 大公開／達文熙著. -- 第二版. -- 新北市：大樂文化有限公司，2023.12
256 面；17×23 公分. --（優渥叢書 Money；068）

ISBN 978-626-7148-97-6（平裝）
1. 投資理論　2. 投資技術　3. 投資分析
563.52　　　　　　　　　　　　　　　112018862

Money 068

金融怪傑・達文熙教你用100張圖學會箱子戰法（熱銷再版）

傳承 60 年經典理論，融合台股贏家思維，散戶一學就會的交易 SOP 大公開

（原書名：金融怪傑・達文熙教你用 100 張圖學會箱子戰法》）

作　　者／達文熙
圖文協力／詹TJ
封面設計／蕭壽佳、蔡育涵
內頁排版／思　思
責任編輯／費小咪
主　　編／皮海屏
發行專員／張紜蓁
發行主任／鄭羽希
財務經理／陳碧蘭
發行經理／高世權
總編輯、總經理／蔡連壽

出 版 者／大樂文化有限公司（優渥誌）
　　　　　地址：新北市板橋區文化路一段 268 號 18 樓之1
　　　　　電話：（02）2258-3656
　　　　　傳真：（02）2258-3660
　　　　　詢問購書相關資訊請洽：2258-3656
　　　　　郵政劃撥帳號／50211045　戶名／大樂文化有限公司

香港發行／豐達出版發行有限公司
　　　　　地址：香港柴灣永泰道 70 號柴灣工業城 2 期 1805 室
　　　　　電話：852-2172 6513　傳真：852-2172 4355

法律顧問／第一國際法律事務所余淑杏律師
印　　刷／韋懋實業有限公司

出版日期／2021 年 4 月 19 日
　　　　　2023 年 12 月 18 日 二版
定　　價／350 元（缺頁或損毀的書，請寄回更換）
I　S　B　N／978-626-7148-97-6